선문답에서 배우는 禪의 지혜

벽암록 종용록 무문관이 전하는 선사들의 가르침

윤홍식

홍익학당 대표이며, 제19대 대통령선거에서 홍익당 후보로 출마하였다. 동서양 인문학의 핵심을 참신하면서도 알기 쉽게 유튜브를 통해 전 세계에 알리고 있는 인기 있는 젊은 철학자이자 양심경영 전문가이다. 4,100여 개의 인문학 강의 조회 수는 6,100만을 돌파하였고, 구독자 수는 9만1천여 명에 달한다. 연세대학교 사학과 및 동 대학원 철학과를 졸업한 후 홍익학당과 출판사 봉황동래를 운영하고 있으며, 고전콘서트·견성콘서트·참선캠프 등을 열고 있다. 삼성·LG 등 일반기업과 법무부·중소기업진흥청·우정청·서울시시민대학 등 공공기관에서 고전을 통한 윤리교육과 양심리더십 교육을 맡았다. BBS에서 수심결 강의를 진행했고, 동국대 불교학과·춘천 삼운사·태고종·원불교 등의 초청으로 '견성과 6바라밀, 대승불교'를 주제로 강의를 하였다. 또 KBS·EBS 등 방송 매체에서도 활발하게 활동 중이다. WBS원음방송에서는 '정신을 개벽하자'특강시리즈를 강의하였다. 다양한 강의를 통해 견성과 보살도, 6바라밀의 실천을 강조하고 있으며, 국민 전체의 인성교육을 위하여 『양심노트』를 만들어 보급하고 있다. 저서로는 『양심이 답이다』, 『화엄경, 보살의 길을 열다』, 『윤홍식의 수심결 강의』, 『한국큰스님에게 배우는 禪의 지혜』, 『카르마 경영의 6가지 원칙』, 『5분 몰입의 기술』(2009년 문화체육부 선정 우수도서) 등이 있다.

선문답에서 배우는 禪의 지혜

지은이(글, 본문그림) 윤홍식
초판 발행 2009년 12월 14일
개정판 1쇄 발행 2020년 12월 1일
펴낸곳 봉황동래
펴낸이 윤홍식
출판등록 제313-2005-00038호
등록일자 2005년 3월 10일
주소 서울 마포구 마포대로 86, 522호(도화동, 창강빌딩)
전화 02-322-2522
팩스 02-322-2523

ISBN 978-89-94950-47-1 (03220)

값: 18,000원

디자인은 엔드디자인이 꾸몄습니다.
책값은 더 좋은 책을 만드는 데 사용됩니다.

선문답에서 배우는 禪의 지혜

벽암록 종용록 무문관이 전하는 선사들의 가르침

지은이 윤홍식

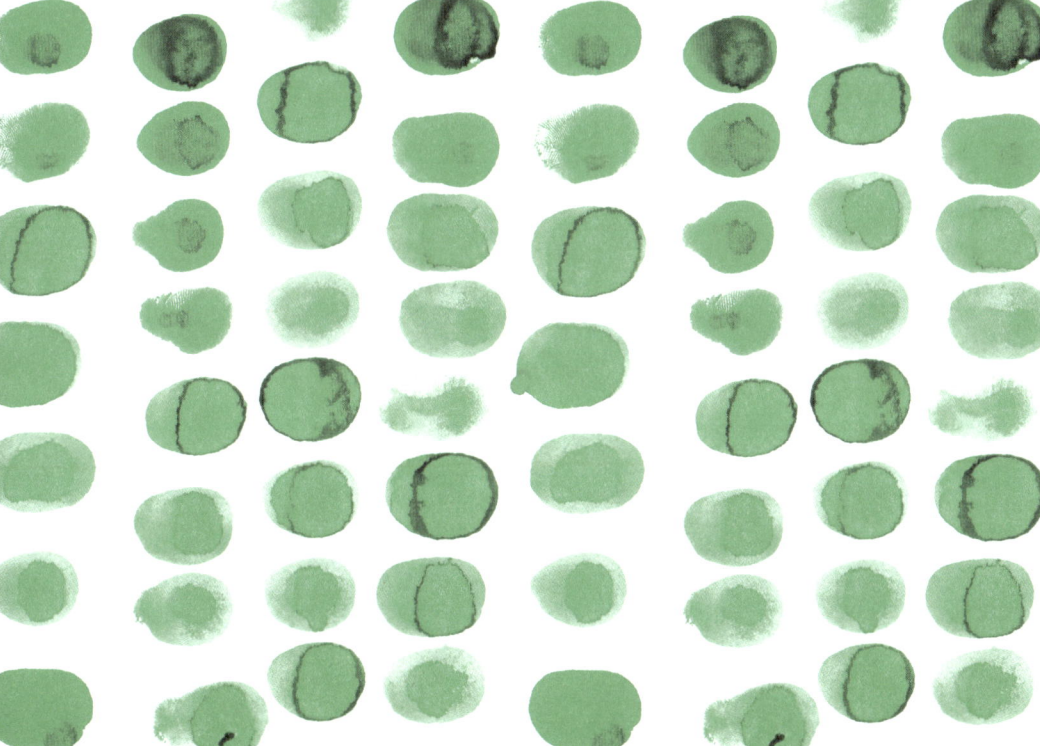

봉황동래

들어가며

달마가 동쪽으로 온 까닭은 무엇일까?
그 대답은 간단하다.
우리 내면에 존재하는 '불성'이라는 꽃을
활짝 피우기 위해서이다.
이 밖에 무슨 답이 있을 수 있겠는가?

개념에 빠지지 말라(不立文字)!
그대의 마음을 곧장 돌아보라(直指人心)!
이 2가지 가르침이야말로
달마가 중국에 전한 최상승 심법이다.
누구나 이 심법을 터득하면
조사도 되고 보살도 되며 부처도 되는 것이다.

달마의 가르침을 계승한 그의 후예들은
수많은 말과 행동, 침묵으로
달마가 전수한 심법을 온 천하에 두루 밝혔다.
이 책은 그러한 선지식들의 선문답 중
가장 진리를 선명히 드러낸
53가지 문답을 간추린 것이다.

여기 실린 선문답들은 모두 3대 선어록인

『벽암록碧巖錄』과『종용록從容錄』,
『무문관無門關』에서 가려 뽑은 것들이다.
『벽암록』에서 25개,『종용록』에서 29개,
『무문관』에서 17개를 뽑았으며,
서로 겹치는 내용들이 있어 총 53개의 선문답이 된다.

하나하나의 선문답 모두
참나를 가리키는 '나침반'들이다.
각각의 선문답에는
다양한 개성을 지닌 선사들이 전하는
살아 숨쉬는 '선禪의 지혜'가 담겨 있다.

자신이 선문답의 주인공이 되어,
각각의 선문답에서 전하는
선禪의 가르침을 따르기만 하면,
곧장 자신의 내면에 빛나는
'참나'를 되찾을 수 있을 것이다.

53선지식을 참방하고 성불하였던
『화엄경』의 선재동자처럼,
53개의 선문답에서 전하는
'선禪의 지혜'를 깊이 체득할 수 있다면,
자신의 불성을 활짝 피어나게 할 수 있을 것이다.

2009년 6월 홍익학당 대표 윤홍식

:: **차례** ::

들어가며 · · · 4
달마 스님의 정법, 반조선 · · · 10

一 오직 모를 뿐

1. 세존, 침묵의 설법 · · · 34
2. 달마, 조금도 성스러울 것이 없다 · · · 40
3. 지장, 가장 친절한 방법 · · · 49
4. 노조, 벽을 향해 앉다 · · · 56
5. 삼성, 투망에서 벗어난 황금빛 물고기 · · · 61
6. 원각경, 그냥 존재하라 · · · 67
7. 운문, 호떡으로 입을 막다 · · · 74
8. 동산, 분별에 떨어지지 않는 몸 · · · 77
9. 조주, 나도 몰라 · · · 82
10. 남전, 마음도 부처도 물건도 아니다 · · · 89
11. 혜충, 비로자나의 정수리를 밟고 가라 · · · 97

二 나에게서 나를 구하라

1. 남전, 고양이를 베다 · · · 102
2. 앙산, 생각하는 그대는 누구인가 · · · 107

3. 위산, 이것은 무엇인가 · · · 120
4. 중읍, 원숭아 내가 너와 만나는구나 · · · 127
5. 동산, 추위와 더위가 없는 곳 · · · 135
6. 마조, 백장과 들오리를 보다 · · · 139
7. 조산, 청원 백가주를 3잔이나 마신 그대 · · · 145
8. 서암, 주인공을 부르다 · · · 151
9. 육조, 선도 악도 생각지 말라 · · · 161
10. 용담, 아직도 캄캄한가 · · · 168
11. 달마, 그대의 마음을 가져오게 · · · 176

三 있는 그대로 보라

1. 앙산, 눈사람을 가리키다 · · · 186
2. 조주, 뜰 앞의 잣나무 · · · 192
3. 운문, 호떡과 만두 · · · 196
4. 구지, 손가락 하나를 세우다 · · · 201
5. 동산, 이 삼베가 3근이지 · · · 205

四 일체의 형상을 초월하라

1. 조주, 개에게 불성이 있는가 … 212
2. 운문, 똥 막대기 … 222
3. 조주, 그렇다면 들고 있게 … 227
4. 암두, 긍정하지도 부정하지도 말라 … 232
5. 낭야, 산하대지는 왜 생기는가 … 243
6. 경청, 아직 살아 있는가 … 248
7. 임제, 무위진인도 똥 막대기일 뿐 … 254
8. 문수, 삼매에 든 여인 … 263
9. 파초, 주장자가 있는가 … 271

五 지금 이 순간을 살아라

1. 운암, 이것은 몇 번째 달인가 … 278
2. 설봉, 남산의 독사 한 마리 … 285
3. 청림, 지독한 독기로다 … 291
4. 취암, 눈썹이 남아 있는가 … 299
5. 운문, 날마다 좋은 날 … 302
6. 남전, 평상심 그대로가 도다 … 305

六 통 밖에서 통을 굴려라

1. 마조, 태양 같은 부처 달 같은 부처 ···316
2. 연화봉 암주, 주장자에도 집착하지 말라 ···321
3. 운문, 온몸으로 가을바람을 맞다 ···326
4. 문수, 앞으로 3·3 뒤로 3·3 ···330
5. 조주, 하나는 어디로 돌아가는가 ···336
6. 조주, 급한 물살에 공을 치다 ···342

七 원만한 법신을 성취하라

원만한 법신을 성취하는 길 ···348
1. 반야다라 존자, 글자가 없는 경전 ···365
2. 운문, 옛 부처와 돌기둥이 사귀는 경지 ···374
3. 운문, 33천의 콧구멍을 막고
   동해의 잉어를 때려잡다 ···380
4. 운문, 하늘과 땅을 삼키는 주장자 ···388
5. 오조, 어느 것이 진짜 몸인가 ···392

선사들이 전하는 반조선의 가르침 ···400

달마 스님의 정법, 반조선返照禪

문자 놀음을 멈추고 참나를 직시하라

달마達磨 조사가 인도에서 중국에 건너와 선불교의 가르침을 전한 이후 수많은 깨달음의 꽃이 중국을 중심으로 전 세계로 퍼지게 되었다. 그런데 과연 어떤 것이 달마가 전한 참된 심법인가에 대해서는 많은 논란이 이어져왔다. 이러한 사정은 "달마가 동쪽으로 온 까닭은 무엇인가?"라는 의문이 선불교의 가장 근본적인 질문이라는 점에서 잘 드러난다.

과연 달마는 중국에 무엇을 전해 주기 위해 인도에서 동쪽으로 왔던 것일까? 달마가 전하고자 했던 가장 핵심적인 수련의 종지는 과연 무엇일까? 그런데 이러한 의문의 답은 의외로 쉽다. 달마의 가르침의 핵심은 ① 불립문자不立文字 ② 직지인심直指人心의 2가지 종지에서 벗어나지 않는다. 다른 모든 종지들도 모두 이 가르침 안에 녹아 있다. 이 두 가르침을 떠난 가르침은 달마의 정법이 아닐 것이다.

① "문자를 세우지 말라!"(不立文字)라는 것은 일체의 '문자 놀음' 즉 '개념적 분석'을 내려놓아야만 '참나'를 되찾을 수 있다는 것이다. '문자'란 우리의 드러난 생각이며, '생각'은 드러나지 않은 문자이다. 문자와 언어가 없이 어떻게 생각하고 분석하고 따질 수 있겠는가? 문자를 초월하라는 가르침은 무엇보다 우리의 '개념적 분석'을 멈추라는 가르침이다. 우리가 생각에 매몰되어 있는 동안, 우리는 내면에 존재하는 '순수한 나'를 놓치게 된다. 순수한 자아인 '참나'를 곧장 되찾기 위해서는 무엇보다 생각으로 이루어지는 개념적 분석을 내려놓을 수 있어야 한다.

② "곧장 그대의 마음을 직시하라!"(直指人心)라는 것은 부처의 씨알인 '불성'이 그대 안에 있으니, 부처가 되고 싶거든 마음에 떠오른 모든 형상(相)을 내려놓고 곧장 자신의 마음을 들여다보라는 것이다. 즉 "밖으로 향하는 '의식의 빛'을 안으로 돌이켜 내면을 비추어 보라!"(회광반조回光返照)라는 것이다. 생각으로 감정으로 오감으로 향하는 우리의 마음을 안으로 거두어들여서, 생각·감정·오감이 일어나는 자리인 '참나'를 곧장 직시하기만 하면 되는 것이다.

이 둘을 떠나서 달마의 정법은 없으며, 달마가 전하고자 하였던 핵심 종지도 이 둘을 떠나지 않는다. ① 자신의 생각을 즉각 내려놓고(不立文字), ② 생각 이전의 순수한 나로 머무르면 된다(直指人心). 이것이야말로 달마선의 핵심이다! 이것은 다른 말로 '반조선返照禪'(자신의 내면을 곧장 들여다보는 참선)이라고 부를 수 있을 것이다. 일체의 모양을 내려놓고 자신을 돌이켜 보는 것이 달마의 후예가 닦아야 할 수행법의 근본 핵심인 것이다. 세수를 하다 코를 만지는 것처럼 쉬운 것이 불법이라고 하는 것은 바로 이러한 사정을 말한 것이다.

화두선 또한 반조선의 방편일 뿐이다

내가 나를 바라보는데 무슨 어려움이 있겠으며, 무슨 복잡한 절차가 필요하겠는가? 지금 이 자리에서 곧장 생각을 내려놓고, 생각 이전의 나의 모습을 느끼고 바라보기만 하면 된다. 이것이 해야 할 전부이다.

달마의 정법인 수련법을 자신을 곧장 들여다보는 것을 중시하는 참선인 '반조선'이라고 정의하고 나면, 우리가 흔히 달마선이라고 하면 떠올리는, 화두를 의심하는 것을 중시하는 참선인 '화두선'은 무엇인가 하는 의문이 들 수 있다. 간단하게 말하면 화두선 또한 반조선의 방편 중 하나일 뿐이다!

송宋나라 대혜大慧 종고宗杲(1088~1163) 선사가 '화두선話頭禪' 즉 '간화선看話禪'을 강조한 이래, 달마의 정법이 화두선이라는 것을 당연시하는 분위기가 현실이다. 그러나 대혜 종고 이전, 달마가 중국에 건너온 이래 육조六祖 혜능慧能(638~713)을 거치는 동안, '화두'를 제시해 주고 화두를 참구하는 것을 최우선시하는 참선법이 강조된 적이 없다.

오직 "지금 내 앞에 생생히 살아 있는 그대의 참나를 곧장 들여다 보라!"라고 가르쳤을 뿐이다. 참나를 깨친 선사들의 법문이나 선문답 중에서 불법의 핵심이 담긴 구절들을 '화두話頭'(진리를 담은 이야기)로 삼고 간절히 의심하고 또 의심하는 '화두선'은 후대 선사들의 방편법일 뿐이다. 곧장 참나를 바라보지 못하는 수행자들을 위한 친절한 나침반일 뿐이다.

곧장 본래의 나를 깨달으라

그러나 곧장 참나를 바라볼 수 있는 이에게는 화두 또한 하나의 '형상'(相)이 될 뿐이다. 절대로 '화두' 자체를 신비화해서는 안 된다. 곧장 '참나'를 바라보라!(直指人心) 무엇을 망설일 것이며, 무엇을 더 알아야 한다는 말인가? 불성이 내 안에 있다는 것을 들었고 그 자리는 '생각'을 초월한 자리라는 것을 알았다면, 즉각 생각을 내려놓고 '생각 이전의 알아차리는 느낌'을 주시하기만 하면 된다.

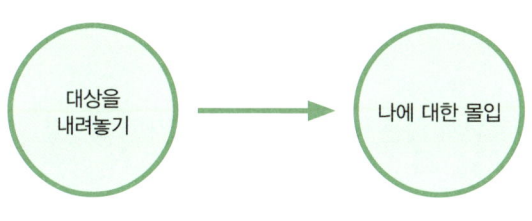

[반조선의 공부법]

① '불립문자'이니 일단 모든 개념적 분석을 멈추어 보라! 방법은 간단하다. "모른다!"라고 외쳐 보라. 어떠한 생각이 떠오르든지 무조건 "모른다!"라고 외쳐 보라. 이 철저한 무관심을 당할 자는 없다. 설사 마구니가 달려든다고 하더라도 철저한 무관심에는 손쓸 방법이 없을 것이다.

"모른다!"(내려놓음)로 일체의 판단을 중지한 채, 오직 모르는 마음으로 현존하는 사람은 염라대왕도 어떻게 할 수가 없다. 곧장 생각을 초월하는 것이 달마선·반조선의 핵심이다. 달마의 정종인 정중종淨衆宗의 개창자이자 중국 선불교의 실질적 시조인 마조馬祖의 스승이 되는, 신라 무상無相 스님(신라 성덕대왕의 셋째 아들)의 핵심적 세 구절의 가르침(三句)인 "기억하지 마라(無憶)! 생각하지 마라(無念)! 잊어버리지 마라(莫忘)!"라는 것도 바로 이것을 가르치신 것이다.

② '직지인심'이니 생각의 잡음을 초월하여 '생각 이전에 존재하는 나'를 마음껏 느끼고 바라보면 된다. (이것을 몰입의 2가지 요령 중 '나에 대한 몰입'이라고 한다.*) 생각을 내려놓으면, 시공을 망각하게 되면서 모든 걱정과 번뇌와 스트레스에서 초월하여, 고요하되 어떤 부족함 없이 순수하게 알아차리는 참나의 자리에 도달하게 된다.

생각에 매몰되지 않는 나가 '참나'인바, 생각만 초월할 수 있다면 우

● 몰입의 2가지 구분에 대해서는 윤홍식, 『내 안의 창조성을 깨우는 몰입』(봉황동래, 2014), 62~65쪽 참조.

리는 곧장 순수한 자아인 참나에 도달하게 될 것이다. 이 자리에 머물러야 한다. 참나로 존재하라! 이것이 해야 할 전부이다. 산란한 의식이 아닌, 흐리멍덩한 무의식도 아닌, 초의식인 '참나'의 자리가 바로 이 '생각 이전의 알아차림'이다.

방편을 활용하여 참나에 몰입하라

혹은 곧장 생각이 내려놓아지지 않는 경우, 한 가지 대상을 정하여 정신을 집중하는 방편법을 활용하기도 한다. 우리 마음은 형체가 없는 존재이다. 그렇기 때문에 마음을 하나로 모으는 일은 무척 어렵게 느껴지기 마련이다. 그리고 마음이 하나로 모이지 않는 한, 고요하고 순수한 마음인 '참나'를 명확히 붙잡기란 쉬운 일이 아니다.

그러나 방법이 없는 것은 아니다. 우리의 일상적인 '마음'에는 '대상'이 있기 마련이다. 그런데 '마음'은 미세하고 붙잡기가 힘든 반면, '대상'은 거칠고 붙잡기가 용이하다. 바로 이 점을 활용하면 된다. 마음이 분산되었다는 것은, 마음이 이리저리 많은 대상을 숨 가쁘게 오가고 있다는 것을 의미한다. 그러니 지금 이 순간 마음의 '대상'을 하나로 통일할 수 있다면, 당연히 '마음'도 하나로 모이게 될 것이다. (이것을 몰입의 2가지 요령 중 '대상에 대한 몰입'이라고 한다.)

무형의 '마음'을 하나로 모으고 싶다면, 먼저 유형의 '대상'을 하나로 통일해야 한다! 이것이 이리저리 흩어져 있는 마음을 하나로 모으는 최고의 비결이다. 이 책에서도 중생의 산란한 마음을 하나로 모을 수 있는 수많은 방편법이 등장한다. 어떠한 방편법이 가장 좋은 것인가를 따지는 것은 무의미하다. 자신의 입장에서 몰입이 잘 되는 것이 최고의 방편법일 것이니 말이다.

① 몰입(대상에 대한 몰입)을 위한 방편은 '하나의 손가락'이 그 대상이 될 수도 있으며, '뜰 앞의 잣나무'가 그 대상이 될 수도 있고, 크게 내지르는 소리인 '할!'이 그 대상이 될 수도 있다. 우리의 생각을 단박에 끊어 놓을 수 있는 대상이라면 어떤 대상이라도 좋다. 오직 하나의 대상에 진심으로 몰입하는 순간, 우리의 생각은 끊어지게 되며 시간과 공간이 사라지고 나와 남의 구분이 사라지게 된다. 그 순간이 바로 우리의 참나가 훤히 드러나는 순간이다.

② 이 순간이 도래하면 우리의 내면은 생각을 초월한 순수한 알아차림만으로 충만해진다. 이 순수한 알아차림만을 바라보고 느낄 때 (나에 대한 몰입), 우리의 몸과 마음은 황홀해지게 된다. 세상과 내가 둘이라는 생각이 없기 때문에, 세상이 환히 밝아지며 나와 하나로 돌아가는 놀라운 체험이 따라온다. 오직 생각이 없어졌기 때문이다.

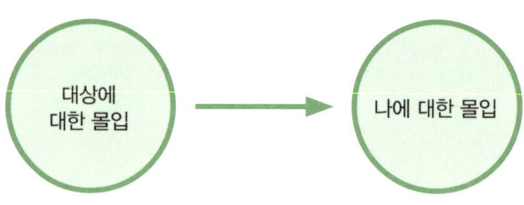

[반조선의 방편법]

그렇다고 생각을 아주 끊어야 하느냐? 그건 그렇지 않다. 생각 너머의 참나를 알게 되면, 생각 또한 자유자재로 부릴 수 있게 된다. 생각을 하되 깨어서 하면 조금도 걸림 없이 생각을 부릴 수 있다. 그러나 생각에 매몰되어서는 생각을 초월한 그 자리를 영원히 알 수 없다. 그러니 일단 생각을 초월해야 하는 것이다. 우리가 생각을 할 줄 몰라서 이렇게 방황하는 것이 아니다. 생각을 넘어설 수 없어서 고해의 바다에서 허우적거리고 있는 것이다. 지금 우리에게 무엇보다 필요한 것은 '생각의 초월'이다.

화두는 참나를 찾기 위한 방편법

그렇다면 '화두話頭'라는 것도 참나의 각성에 이르는 훌륭한 방편법이 될 수 있지 않은가? 당연히 그렇다! 애초에 그러한 사정 때문에 화두선이 고안된 것이다. ① 생각을 멈추고(不立文字) ② 그 자리에 머물면(直指人心) 곧장 '열반'이다. 생각을 초월하는 즉시로 곧장 부처와 하나가 된다.

'화두'도 하나의 '방편'일 뿐이다. 달마와 육조는 제자들에게 화두를 제시하지 않았다. 그냥 "생각을 멈추고 그 자리에 머물라!"라고 가르쳤을 뿐이다. 그러나 후세의 조사들은 수행자들을 위해 다양한 방편을 베풀었다. 참나에 몰입하기 위해서는 강한 '몰입력'이 있어야 했기 때문이다. 어디에다 마음을 모을 것인가? 그중 제시된 것이 바로 선사들의 어록에서 엄선된 진리의 나침반인 선문답들이다.

'화두話頭'라고 하는 것은 '진리를 담은 이야기'이다. 따라서 부처님께서 전하신 진리를 알고 싶으면, 화두만 정확히 깨달으면 된다. 우리가 화두를 놓치지 않고 잘 따라갈 수만 있다면, 어렵지 않게 진리에 도달하게 될 것이다.

그래서 화두를 '공안公案' 즉 심의 중인 '공적인 안건'(공적인 퀴즈)이라고 하는 것이다. 화두는 답을 내지 못해도 괜찮고, 천천히 해결해도 상관이 없는 '사사로운 안건'(사적인 퀴즈)이 아니다. 화두란 반드시 해결해야 하며 신속히 해결해야 하는, 진리에 관계되는 공적인 안건이라는 말이다. 그러나 절대로 그 문제 자체에 집착해서는 안 된다. 우리가 원하는 것은 문제 자체가 아니라 그 문제가 가리키는 정답인 '참나'이기 때문이다. 화두는 '참나'라는 달을 가리키는 손가락일 뿐이다. 화두에 빠져 허우적거려서는 참나를 영원히 구경조차 할 수 없을 것이다.

화두의 답은 당연히 내 안의 불성인 '참나'이다. 그 자리 외에 어떤 것이 답이 될 수 있겠는가? 우리가 화두에 몰입할 수 있다면, 화두는 반드시 우리를 내면의 참나로 인도할 것이다. 화두의 기능은 이것이다. 화두는 우리의 생각을 멈추게 하는 수단이다. 생각을 초월하지 못한 채 화두를 다루어서는 마구니가 될 뿐이다. 화두를 닦으면서 '생각'으로 그 답을 추측하지 말라고 하는 것은 바로 이러한 이유 때문이다.

화두란 철저히 '몰입'을 위해 고안된 것이다. 몰입을 이루지 못하고 '참나'를 아는 법은 없다. 몰입이 없이도 참나를 알 수 있었다면, 우리는 예전에 참나를 알고 있어야 한다.

우리는 대상과 자신을 하나로 꿰는 '몰입'을 통해서만 대상을 100% 이해할 수 있다. 우리는 '몰입'을 통해서 시간과 공간을 잊을 수 있으며, 나와 남의 구분을 망각하게 된다. 심지어 몸과 마음조차 초월하게 되며, 일체를 초월한 극도로 맑고 고요한 순수의식을 만나게 된다.● 화두선이건 반조선이건 '몰입'을 떠나서는 불가능하다. 간단히 말하자면 화두선은 '화두'라는 대상에 100% 몰입하여 참나를 찾자는 것이며, 반조선은 곧장 '참나'에 100% 몰입하자는 것이다.

화두를 통해 깨달음을 얻는 방법

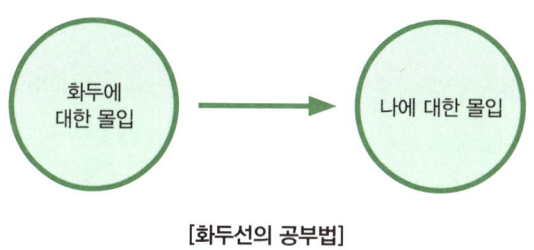

[화두선의 공부법]

화두는 철저히 '몰입'을 위한 것이다. 또한 '의심'을 통해 몰입에 이르는 법이다. 그래서 생각으로 답을 추리하지 말고 "오직 의심할 뿐!"을 주문한다. 그렇다고 생각을 아주 쓰지 않아서는 곤란하다. 화두의 대

● 몰입의 구체적 효능에 대해서는 윤홍식, 『내 안의 창조성을 깨우는 몰입』(봉황동래, 2014) 참조.

상이 되는 선문답에 대한 정확한 이해는 반드시 필요하다. 그러나 절대로 생각으로 문제를 풀려고 해서는 안 된다.

우리는 흔히 '활구活句'이니 '사구死句'이니 하며 화두를 머리로 푸는 것을 경계한다. 이성적인 추리로 해결하려고 하는 화두를 '죽은 구절'이라는 의미에서 '사구'라고 부르고, 영적 직관을 통해 해결하려고 하는 화두를 '살아 있는 구절'이라는 의미에서 '활구'라고 부른다. 그러나 이것은 어디까지나 문제를 해결하는 과정을 놓고 구별한 분류이다.

그런데 흔히 이를 오해하고 '화두' 자체에 대한 이해를 소홀히 하는 경우가 있다. 그러나 이것은 말이 안 되는 소리이다. 문제 자체를 이해하지 못하면서 문제를 푼다는 것이 말이 되겠는가? 문제 자체는 '이성'을 총동원해서 철저히 이해해야 한다. 화두의 대상이 주로 중국 스님들의 대화나 문답인 이상 중국어를 배워서라도 정확히 그 내용을 이해해야 한다. 그래야만 그 말씀들이 지닌 참다운 진리의 실마리가 밝게 드러나게 될 것이다.

① 우리는 화두에 담긴 내용을 정확히 이해하는 것으로 화두의 공부를 시작해야 한다. 그 대신에 문제를 푸는 과정은 철저히 이성을 초월해야 한다. 화두는 생각을 끊어 놓기 위한 방편이니 말이다. 문제를 해결하려고 노력하되, 단지 "모르겠다!" 하고 의심만 해야 한다. 그 이상의 노력은 모두 '생각의 놀음'이 되고 말 것이다.

이것은 너무나 당연한 소리이다. 개념적 분석을 끊기 위해 든 화두가 개념적 분석을 더욱 치성하게 한다면 어떻게 되겠는가? 화두는 철저히 몰입(대상에 대한 몰입)을 위한 것이라는 사실을 한시도 잊어서는 안 된다. 화두로 생각이 하나로 모아지면, 시공을 잊고 나와 남을 잊게 되면서 정신이 극도로 밝아지게 될 것이다.

② 이때 우리 내면에서 '순수한 알아차림'이 훤히 드러나게 된다. 이 정도 상태가 되면 화두를 초월하여 참나와 하나가 된다(나에 대한 몰입). 이제 그토록 그대가 원하는 순간에 들어가게 되었다. 이 자리에서 무슨 의심이 있으며 무슨 부족함이 있겠는가? 이 참나의 자리는 앉으나 서나 자나 깨나, 의식과 무의식을 초월하여 항상 한결같이 흐른다.

③ 이때 참나의 빛으로 우리는 그토록 고심해 왔던 문제인 화두의 참다운 답을 확연히 알게 된다. 참나가 던지는 '영감'과 '직관'을 통해, 화두가 던지는 근본적인 질문에 대해 한 점 의심이 없는 명확한 답을 얻게 된다. 도대체 왜 선문답이 그런 식으로 이루어졌는지에 대한 명확한 깨달음을 얻게 된다. 우리는 화두의 해결을 통해 참나를 깨닫는 것은 물론, 참나의 지혜를 활용하는 힘 또한 얻게 된다. 이것이 화두를 통해 참나를 깨닫고 영적 지혜를 얻는 방법이다.

재미있는 것은, 일반적인 화두와는 달리 "나는 누구인가?" "이 몸뚱이와 마음을 움직이는 놈은 누구인가?" 등등의 화두는 그 자체가 곧장 '반조선'과 통한다는 것이다. 단순히 "이 화두는 무슨 뜻인가?"를 의심하여 몰입하는 방법과 달리, 화두에서 지시하는 대로 따라가기만 하면 곧장 내면의 참된 주체에 몰입하게 되는 반조선의 나침반이기도 하기 때문이다.

화두에도 집착하지 말라

화두나 선문답 자체에 집착하여 참나를 잃어버리는 행위는, 화두선의 개창자인 대혜 종고조차도 『서장書狀』에서 반대했던 잘못된 수행법이다.

> ① 근년 이래로 참선에는 여러 갈래가 되었습니다. 혹은 한 번 묻고 한 번 대답하다가 한 마디라도 더 말하는 것을 참선이라고 여깁니다. ② 혹은 옛사람들이 진리에 들어간 인연을 모으고 헤아리고 흥정하면서 이르길 "이것은 허망하며 저것은 진실하다." "이 말은 현묘하며 저 말은 신묘하다."라고 하며, ③ 혹은 대신하여 대답하기도 하고 혹은 다르게 대답하기도 하는 것을 참선으로 여기기도 합니다.

요즘도 크게 사정이 다르지 않다. ① 남과 선문답을 다퉈서 한마디라도 더 하는 자가 이기는 것을 참선으로 오인하는 수행자가 많다. 참된 참선은 선문답에서 이기고 지는 것이 아니다. 선문답은 '참나'로 곧장 인도해 주는 언어로 된 나침반일 뿐이다. '선문답의 승부'에 집착해서는 안 된다. 선문답이 중요한 것이 아니라 깨달음이 중요한 것이다. 선문답에 집착하는 것 자체가 참나를 망각하였다는 증거이다. 달을 가리키는 손가락에 집착해서는 안 된다. 달을 곧장 바라보아야 한다.

② 옛사람들의 선어록을 음미하면서 자신의 좁은 소견으로 옛사람의 선어록을 엮어서, 이리저리 분별심으로 따지고 헤아리면서 옳고 그름을 따져서는 안 된다. 분별심을 내려놓고 곧장 참나를 바라보아야 참된 참선이다. 남의 집 보물을 헤아리는 데 세월을 낭비하지 말고, 내 집의 보물을 찾아야 할 것이다.

③ 각종 화두·공안에 대하여 고인들의 대답을 대신해서 대답해 보기도 하고 다르게 대답하기도 하면서, 그것을 참선이라고 여기지 말아야 한다. 참나의 체험을 자신만의 언어와 몸짓으로 표현할 수 있어야 한다. 옛사람들의 말에 얽매이지 말고 묵은 언어에 집착하지 말아야 한다. 과거와 미래를 초월하여 지금 이 순간에 살아 움직이는 참나를 있는 그대로 드러낼 수 있어야만 참된 수행자라 할 것이다.

염불선을 통해 깨달음을 얻는 방법

화두선이 '의심-일념'의 방법을 통해 참나를 깨치는 방편이라면, 염불선은 '믿음-일념'을 통해 참나에 이르는 방편이다. 모두 방편을 통해 몰입을 유도하고, 하나로 몰입된 마음에 자연히 드러나는 참나를 깨닫는 방법이다. 마음이 하나로 모이는 자리에는 당연히 '고요하고 순수한 마음'인 참나가 드러나게 된다. 마음이 하나로 모이지 않는 것을 걱정할 일이지, 참나가 드러나지 않을까 걱정하는 것은 기우일 뿐이다. 염불선을 통해 깨달음을 얻는 방법은 다음과 같다.

① 먼저 자신이 집중하기로 정한 부처님의 명호나 그 모습에 온 마음으로 집중한다. "나무아미타불!"을 외거나 아미타불의 모습을 상상하면서 오직 부처님만을 생각하고 느끼면 된다(대상에 대한 몰입). 이러한 집중이 점차 깊어지면 시간과 공간이 사라지고, 오직 부처님의 이름이나 모습만 존재하게 될 것이다. 마음이 오직 하나의 대상에 몰입하게 되면, 자연히 우리 내면은 고요해지고 순수해지게 된다. 바로 이 자리에 우리의 순수한 자아인 참나가 훤히 드러나게 된다.

② 이 때 우리의 관심을 그동안 몰입하던 '염불'에서 '참나'로 전환할 수 있다면, 황홀하고 광명한 참나의 자리에 오롯이 안주하게 될 것이다(나에 대한 몰입). 만약 염불에 대한 몰입 즉 대상에 대한 몰입이 투철히 이루어지지 않았다면, 참나에 대한 몰입이 쉽게 이루어지지 않을 것이다. 염불에 대한 몰입이 투철히 이루어진 뒤에, 고요하고 순수한 상태에서 염불에 몰입하는 나 자신을 발견하게 될 것이다. 이 자리야말로 우리 내면의 부처님 자리이자 아미타불의 법신(자성미타自性彌陀) 자리이니, 이 자리를 뚜렷이 느끼게 되는 즉시로 그 자리에 신명을 내던져야 한다. 그러면 우리 내면의 참나가 지닌 광명한 빛과 고요한 평화와 무한한 힘을 체득하게 될 것이다.

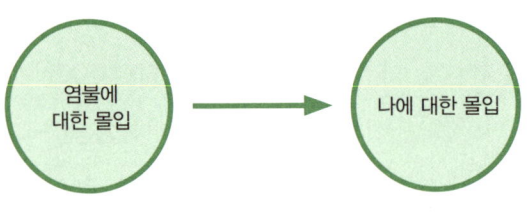

[염불선의 공부법]

부처님의 정법인 위빠사나

초기 불경을 보면 부처님께서는 보리수 아래에서 자신의 '호흡'의 들어오고 나감에 몰입하고 관찰하다가, 광명한 불성을 자각하고 부처의 경지에 이르신 것으로 나온다. 초기 불경에서 제시되는 몰입과 관찰의 대상들로는 '호흡'을 중심으로 해서, 지수화풍의 덩어리인 '몸'(身), 좋고 싫음의 '느낌'(受), 생각하고 기억하고 판단하는 '마음'(心), 몸과 마음의 원리인 '법칙'(法) 등이 제시된다.

우리 몸과 마음의 작용 밖에 별도의 '대상'을 설정하지 않고, ① 호흡 ② 오감 ③ 느낌 ④ 마음 ⑤ 법칙을 대상으로 하여, 몰입과 관찰을 병행해 현상계와 절대계의 참된 진리를 꿰뚫어 보고 해탈에 이르는 방법이 바로 '위빠사나'(通觀, 꿰뚫어 봄)인 것이다. 위빠사나라고 별다른 비법이 있는 것은 아니다. 결국 매 순간 한 가지 대상에 '몰입'(대상에 대한 몰입)함으로써 정신을 하나로 모아 내면의 '순수한 알아차림'이 드러나게 하는 것이 관건이다. 위빠사나로 깨달음에 이르는 방법을 단계별로 살펴보면 다음과 같다.

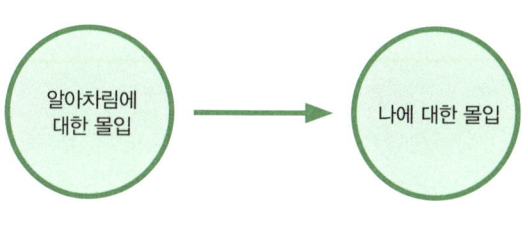

[위빠사나의 공부법]

① 현상계를 이루는 몸과 마음의 변화하는 '과정'을 대상으로 삼아 몰입하고, 몸과 마음의 일어나고 사라지는 과정을 있는 그대로 관찰하는 것이 위빠사나 수행의 핵심이다. 몰입이 잘 이루어지면 우리 내면에서는 고요함과 순수함이 어느 정도 드러나게 되니, 마음·몸의 변화 과정이 있는 그대로 관찰된다. 그러다 보면 현상계의 모든 변화(몸·마음)가 잠시도 쉬지 않고 무상하며(無常), 고통스럽고(苦), 거기에는 고정불변의 실체가 존재하지 않다는 것(無我)을 1차적으로 '이성'을 통해 개념적으로 이해하게 된다.

② 이러한 몰입(대상에 대한 몰입)이 깊어지게 되면, 일어나고 사라지는 '몸·마음의 작용'과 그것을 고요히 바라보는 '알아차리는 자'가 선명히 분리된다. 이때 무상하고 고통스럽고 영원한 내가 아닌, 일체의 현상계를 초월하여 오직 바라볼 뿐인 참나의 자리에 안주하게 된다(나에 대한 몰입). 이것을 '열반'을 체험한다고 한다.

오직 바라보는 자로만 존재할 수 있다면, 무상하지 않고(常) 고통스럽지 않으며(樂) 영원한 자아이자(我) 한 점 때가 없이 청정한(淨) '순수한 알아차림'으로 존재하게 된다. 위빠사나를 닦는 이들은 이 자리에 '나라는 형상'(我相)이 붙는 것을 꺼려하여, 그 자리에 '참나'라는 이름조차 붙이지 않기도 한다.

그러나 어떤 위빠사나의 성자는 이 '순수한 알아차림'의 자리를 '진리dharma의 마음'이라고 부르기도 한다. 그 자리는 시간과 공간과 일체의 업장에 제약되지 않은 순수한 진리 그 자체인 우리의 '본래면목'

이기 때문이다. 비록 명칭에 대해서는 이견이 있으나, 위빠사나를 닦는 이들도 이러한 체험을 절대계에 도달하여 궁극의 평화와 행복을 누리는 '열반'이라고 부르는 것에는 동의한다.

③ 이러한 '열반'의 체험에서 다시 '현상계'로 돌아오게 되면, 현상계의 몸과 마음의 작용이 투명하게 있는 그대로 보인다. 그리하여 영원하고 고통이 없으며 순수한 자아로 존재하는 '절대계'와는 달리, '현상계'는 무상하고 고통스러우며 '에고'(현상계의 자아)는 유한하다는 것을 있는 그대로 꿰뚫어 보게 된다. 이렇게 현상계와 절대계를 한 점 의심 없이 꿰뚫어 보게 된다면, 참다운 진리를 얻게 되어 부처의 경지에 나아가게 될 것이다. 이것이 초기 불경에서 전하는 부처님께서 부처가 되신 방법이다.

선문답을 통해 본 반조선과 화두선의 차이

'반조선'이든 '화두선'이든 '염불선'이든 '위빠사나'든 결국에는 우리의 산란한 마음을 지금 이 순간에 몰입함으로써, 내면의 순수한 고요와 청정한 알아차림을 얻어 부처에 이르는 방편들일 뿐이다. 우리의 불성·참나는 지금 이 순간에도 우리의 내면에 현현하고 있다. 우리가 일체의 형상에 이리저리 휘둘려 그 자리를 곧장 알아차리지 못할 뿐이다. 이런저런 잡음이 많다보니 순수한 기본음이 잘 들리지 않을 뿐인 것이다.

하늘에 먹구름이 가득하여 빛이 사라졌다고 해서 태양이 사라진 것은 아니다. 태양은 그 먹구름의 뒷면에서 찬란히 빛나고 있다. 구름만 사라지고 나면 태양이 항상 그 자리에 있었다는 사실을 깨닫게 될 것이다. 마찬가지로 참나를 가리는 잡음만 없애면 된다. 그러면 참나는 찬란히 드러날 것이다. 먹구름이 태양을 없앨 수 없듯이, 우리의 잡념은 참나에 어떠한 해도 가할 수 없다.

우리가 아무리 태어나고 죽기를 반복하고 아무리 추악한 업장에 물들어도, 그 자리만은 영원히 찬란한 빛을 사방에 뿌려 댈 것이다. 실제로 참나를 되찾은 뒤 실험해 보라. 참나를 더럽혀 보라. 참나가 우리의 산란한 생각과 치우친 감정, 추악한 언행에 더럽혀지는지를 살펴보라. 우리가 무슨 짓을 해도 허공을 더럽힐 수는 없듯이, 참나는 항상 그러할 뿐(如如) 조금도 손상되지 않을 것이다.

지금 당장 생각을 멈추기만 하면 우리 내면의 참나를 곧장 깨달을 수 있다는 것을 설파하기 위해, 달마는 동쪽으로 온 것이다. 참나를 찾는 가장 간명한 가르침인, 곧장 생각을 내려놓고 참나에 안주하는 '달마선' 즉 '반조선'의 가르침을 그대로 따르기만 하면, 우리는 지금 이 순간 곧장 우리 내면에서 빛나는 참나를 되찾을 수 있다.

우리가 흔히 화두로 삼는 각종의 선문답에 등장하는 어떤 선사(禪師)도, 자신이 제시한 답변을 화두로 삼아 나중에 따로 의심하라고 하지 않는다. 선사들은 1차적으로 선문답이 이루어지던 바로 그 자리에서, 다양한 방편을 통해 곧장 '참나'를 되찾도록 인도할 뿐이다. 따라서 선문답 자체를 하나의 화두로 삼고 의심하며 몰입하는 방법보다는, 자신이 선문답의 주인공이라고 생각하고 선사들의 가르침을 정확히 이해하며 그대로 실천하여 곧장 참나를 되찾는 것이 최고의 선법일 것이다.

선사들의 법문을 듣고 그 자리에서 깨친다면, 시공을 초월한 진리의 오고 감이 지금 이 자리에서 곧장 펼쳐지게 될 것이다. 참나 자리에는 시공이 붙을 수 없으니, 선문답의 당사자들이 보고 느꼈던 바로 그 자리를, 지금 이 순간 생생하게 맛보고 확인할 수 있을 것이다.

이 책에서는 선문답을 화두로 삼고 의심하는 '화두선의 길'이 아니라, 선문답을 통해 곧장 그 자리에서 참나를 되찾도록 인도하는 최상승선인 '반조선의 길'로 여러분을 안내하고자 한다. 하나의 선문답을 화두선의 관점에서 활용하는 것과 반조선의 관점에서 활용하는 것은 큰 차이가 난다. 하나의 예를 들어 보겠다.

육조가 말하였다.
"선도 생각하지 말고 악도 생각하지 말라!
바로 이 때 어떠한 것이 그대의 본래면목인가?"
혜명이 그 자리에서 깨달았다. (무문관)

이 선문답은 육조 스님이 자신을 뒤쫓던 혜명이라는 스님과 나눈 이야기이다. 육조 스님의 한마디에 혜명은 그 자리에서 깨달음을 얻는다. 그 자리에서 가장 적절한 말이나 행동, 침묵으로 곧장 깨달음에 이르게 하는 것, 이것이 선문답의 핵심이다. 그 자리에서 참나의 현존이 드러나도록 인도하지 못하는 선문답은 죽은 선문답이다.

참나는 시공을 초월한 것이니, 육조 스님의 저 말씀이 마치 지금 이 자리에서 이루어진 것처럼 듣고 느끼며 그 가르침대로 행한다면, 우리도 역시 우리 내면에 항상 빛나고 있는 그 자리를 되찾을 수 있을 것이다. 이것이 선문답을 통하여 깨달음에 이르는 '반조선返照禪의 길'이다. 스승의 가르침에 발분하여 잡념을 멈추고 곧장 자신의 내면을 향함으로써 참나를 발견하는 것, 이것이야말로 반조선의 핵심이다.

육조 스님의 저 대답을 듣고 곧장 자신을 돌이켜 보는 것이 '반조선의 길'이라면, 육조 스님과 혜명 간의 선문답을 제3자의 입장에서 "왜 그러한가?"라고 묻고 의심하는 것이 '화두선의 길'이다. 육조 스님의 가르침을 스승의 가르침이라고 믿고 곧장 선에 대한 생각, 악에 대한 생각을 멈추고 자신의 본래면목을 느껴보는 것이 '반조선의 길'이라면, 육조 스님께서 도대체 왜 저런 말씀을 하셨는지를 의심하고 또 의심하는 것이 '화두선의 길'이다.

'반조선'은 언제 어디서나 자신의 참나만을 주된 대상으로 삼아 공부하나, '화두선'은 선문답 자체를 중요한 대상으로 삼고 공부한다. 이것이 두 참선법의 차이이다. 화두선의 입장에서 보면 이 책에서 제시하는 53가지 선문답은 풀어야 할 난제를 53가지나 얻는 셈이나, 반조선의 입장에서 보면 최고의 스승들이 전하는 참나에 이르는 길에 대한 핵심 노하우를 53가지나 얻는 셈이다. 이 책에서는 보다 직접적이고 보다 선사들의 취지에 부합하며, 보다 심적 부담이 적은 '반조선의 길'을 통해 선문답을 이해하고 활용하는 방법을 살펴볼 것이다.

선어록을 통해 참나를 끝장 깨닫는 방법

선문답을 통해 즉각 참나를 되찾기 위해서는 다음과 같은 순서로 공부를 하는 것이 좋다.

① 어려운 수수께끼로만 알고 있는 선문답의 전체 내용을 철저히 이성적으로 이해해야 한다. 아무리 선문답이라고 해도 언어와 논리로 이루어져 있으며, 일정한 시간과 공간 안에서 이루어진 것이다. 따라서 선문답에서 오고 간 대화나 행위의 정확한 의미를 이해하고자 한다면, 먼저 선문답이 이루어질 당시의 시대적 환경이나 지역적 특색이나 풍속을 두루 이해해야 한다.

그래야만 선사들이 제시한 가르침의 참된 의미를 깨칠 수 있으며 그 깨침을 검증할 수도 있다. 이러한 작업을 등한히 한다면 오해와 무지만이 양산될 뿐이다. 나의 깨달음이 과연 예전 그 스승들의 깨달음과 같은가는 이러한 철저한 검증을 통해서만 확인될 수 있을 것이다. 그러기 위해서는 먼저 선문답 자체에 대한 완벽한 이성적 이해가 선행되어야 한다. 그래야 선사들이 제자에게 제시한 참나에 이르는 길을 정확히 이해할 수 있다. 무슨 말이 오고 갔는지도 정확히 모르면서 어떻게 명확한 깨달음을 논할 수 있겠는가?

② 선문답의 모든 가르침들은 제자로 하여금 생각을 멈추고 참나를 되찾도록 안내하는 나침반이다. 그러나 실천하지 않는 가르침은 아무런 의미가 없다. 선문답이 전하는 참나에 이르는 길을 철저히 이해했다면, 이제는 선문답의 가르침을 따라 직접 생각을 내려놓고 빛을 안으로 돌이켜야 한다. 경우에 따라서는 '뜰 앞의 잣나무'처럼 하나의 대상을 방편으로 삼아 참나를 되찾을 수도 있으며, 혹은 곧장 자신의 '참나'를 대상으로 삼아 몰입에 들어갈 수도 있다.

③ 이러한 가르침을 통해 자신의 내면을 반조返照함으로써 '참나'에 안주할 수 있어야 한다. 시간과 공간을 초월하며 주관과 객관을 초월하여 항상 여여如如하게 존재하는 그 자리가, 자신의 내면에 늘 흐르고 있음을 명확히 체험하고 이해할 수 있어야 한다.

④ 이러한 참나의 각성을 통해 우리는 눈부시게 빛나는 '영적 지혜'를 갖추게 된다. 현상계의 경험적 체험들이 우리의 '현실적 지혜'를 발현시키듯이, 영적 체험은 우리의 영적 지혜를 각성시켜 준다. 자신의 내면에 광명히 빛나는 참나를 직접 확인하고 체험한 뒤에는 선문답을 다시 음미하여, 선문답의 가르침이 참으로 진실하고 정확하며 적절한 것이었음을 명확히 이해해야 한다. 참선이 여기까지 이루어질 때 우리의 내면은 두루 밝아지게 될 것이다.

一

오직 모를 뿐

세존, 침묵의 설법

달마, 조금도 성스러울 것이 없다

지장, 가장 친절한 방법

노조, 벽을 향해 앉다

삼성, 투망에서 벗어난 황금빛 물고기

원각경, 그냥 존재하라

동산, 분별에 떨어지지 않는 몸

운문, 호떡으로 입을 막다

조주, 나도 몰라

남전, 마음도 부처도 물건도 아니다

혜충, 비로자나의 정수리를 밟고 가라

1
세존, 침묵의 설법

세존께서 어느 날 법좌에 오르셔서
말없이 앉아 계셨다.

그러자 문수보살이 나무방망이를 쳐서
설법이 끝났음을 알리며 말하였다.
"법왕法王께서 설하신 진리를 보라.
법왕의 진리는 이와 같다."
이에 세존께서 법좌에서 내려오셨다.

擧 世尊一日陞座 文殊白槌云 諦觀法王法 法王法如是 世尊便下座
(종용록·벽암록)

세존께서 어느 날 법좌에 오르셔서
말없이 앉아 계셨다.

석가모니께서 어느 날
대중들에게 설법을 하기 위해 법좌에 오르셨다.
그런데 설법을 기대하던 대중들의 기대와는 달리
침묵만을 지키셨다.
아무 말씀도 하시지 않고 그냥 앉아만 계셨다.

자, 이때 우리는 석가모니께 설법을 청해야 옳은 것인가?
도대체 왜 말씀이 없으시다는 말인가?
그 이유를 명확히 알아야 한다.
그래야 부처의 마음을 알 수 있다.
그래야 부처의 자리에 앉을 수 있다.

부처님께서는 분명 설법을 하시기 위해
법좌에 올라간 것이며
부처에 이르는 최고의 길을 설파하셨다.
'침묵'으로 말이다.

그대의 생각을 내려놓아라.
그대는 생각이 아니다.
생각은 그대의 객客일 뿐이다.
생각은 항상 존재하는 것이 아니다.

생각은 일어났다가 사라지는 것이다.
생각이 일어나기 전, 생각이 사라진 뒤,
그대는 무엇인가?

그대는 오직 '침묵'일 뿐이다.
그대는 고요함 그 자체이다.
그렇다고 흐리멍덩한 존재는 아니다.
그대는 생각이 일어나는 것을 알아차리며,
생각이 머무는 것을 알아차리며,
생각이 사라지는 것을 알아차린다.
그대는 '침묵'이자 동시에 '알아차림'이다.

그대는 침묵에도 집착해서는 안 된다.
'말 있음'의 짝이 되는 개념인
'말 없음'으로서의 '침묵'은 참나가 아니다.
그것은 하나의 형상形相일 뿐이다.
현상계에 존재하는 모든 형상은 저마다 짝이 있다.
시간과 공간, 나와 남, 말과 침묵,
이 모두 현상계의 존재일 뿐이다.

짝이 없는 그 자리, 상대가 없는 그 자리,
그 절대계의 경지에 도달해야 한다.
그 자리야말로 우리의 본고향이다.

그 자리에 도달하기 위해서는
일체의 상대성을 초월해야 한다.
상대성은 '생각'에서 나온다.
따라서 우리는 일체의 생각을 초월해야 한다.

생각이 사라지면 일체의 분별과 구분도 사라지고 만다.
생각이 없는데 어떻게 시간과 공간을 구분할 것인가?
생각이 없는데 어떻게 나와 남을 구분할 것인가?
생각이 없는데 어떻게 말과 침묵을 구분할 것인가?

'상대적 침묵'이 아닌,
'말 있음'과 '말 없음'을 모두 내려놓은
'절대적 침묵'에 들어가야 한다.
이것이 부처에 이르는 최고의 비법이다.
이것이 석가모니께서 온몸으로 보여주는
부처에 이르는 길이다.

그러자 문수보살이 나무방망이를 쳐서
설법이 끝났음을 알리며 말하였다.
"법왕께서 설하신 진리를 보라.
법왕의 진리는 이와 같다."
이에 세존께서 법좌에서 내려오셨다.

대중들은 어리둥절했을 것이다.

도대체 무슨 설법을 했다는 말인가?
부처님은 '침묵'을 지켰을 뿐이다.

그런데도 문수보살은 설법이 끝났음을 알렸다.
그리고는 부처님이 설법하신 진리를 보라고 외친다.
부처님도 이에 동의하고 법좌에서 내려오신다.
자, 우리는 여기서 무슨 진리를 보아야 한다는 말인가?

그것은 '침묵'이다.
일체의 생각을 내려놓고 침묵하라.
오직 침묵으로 존재하라.
그리고 알아차려라.
자신이 일체의 생각을 초월한 침묵 속에서
어느 때보다 또랑또랑하게 존재함을 알아차려라.
오직 그것만이 필요하다.

우리가 일체의 상대적 생각을 멈추고 침묵할 때
우리의 내면은 환해지게 된다.
투명할 정도로 선명해지게 된다.
일체의 알음알이가 사라질 때
청정한 알아차림이 빛나게 된다.

생각이 사라지면 우리의 에너지는
쓸데없이 낭비되지 않게 된다.

새어나감 없이 오롯이 존재하게 된 우리의 마음은
자연스럽게 고요해지고 밝아진다.

그 자리에서 우리는
우리의 본래 모습을 체험하게 된다.
생각 저 너머에 존재하는
고요함과 선명한 알아차림으로 말이다.

2

달마,
조금도 성스러울 것이 없다

양나라의 무제가 달마達磨• 대사에게 물었다.
"어떤 것이 최고의 성스러운 진리입니까?"
달마가 대답하였다.
"텅 비어서 조금도 성스러울 것이 없습니다."

무제가 다시 물었다.
"그렇다면 내 앞에 있는 그대는 누구입니까?"
달마가 대답하였다.
"모르겠습니다!"

무제가 이를 이해하지 못하자,
마침내 달마는 강을 건너
소림사에 가서 9년간 면벽을 하였다.

● 달마Bodhidharma(? ~ 528?) : 중국 선종禪宗의 시조로서 남인도 향지국香至國의 셋째 왕자이다. 인도의 제27대 조사인 반야다라般若多羅 존자의 법을 계승하였다.

擧 梁武帝問達磨大師 如何是聖諦第一義 磨云 廓然無聖 帝云 對朕者誰 磨云 不識 帝不契 遂渡江至少林面壁九年

(종용록·벽암록)

一 오직 모를 뿐

양나라의 무제가 달마 대사에게 물었다.
"어떤 것이 최고의 성스러운 진리입니까?"

양 무제는 불교를 지극히 신봉하던 황제였으며,
불교에 탁월한 업적을 쌓았던 황제였다.
그런 그가 달마에게 묻고 있다.
달마여, 불교에서 최고로 성스러운 진리는 무엇입니까?

저도 불교에 대해서 알 만큼은 다 알고 있습니다.
그대가 인도에서 이곳까지 먼 길을 떠나온 것을 보니,
엄청난 보물을 가지고 있음에 틀림이 없습니다.
자, 이제 저를 위해 그 보물을 펼쳐 보이기 바랍니다.
제가 들어보지 못한 최고의 진리를 말해 주십시오.

달마가 대답하였다.
"텅 비어서 조금도 성스러울 것이 없습니다."

양 무제 그대는 뭔가 크게 착각하고 있다.
그대는 '성스러움'에 집착하고 있다.
'성스러움'은 '성스럽지 않음'의 반대 개념일 뿐이다.
개념이라는 것은 일체가 우리 분별의 소산이다.
'생각'의 창작품일 뿐이다.

불교는 '생각'을 만족시키기 위한 종교가 아니다.

모든 고통과 번뇌의 원인이 되는,
생각을 넘어서고 초월하라고 가르치는 종교이다.

모든 고통과 번뇌는 그대의 '한 생각'에서 일어난다.
그대가 지금 그대의 눈앞에 있는 대상에 대해
일으키는 '좋음'과 '싫음'의 분별에서,
모든 문제가 발생한다.

그대는 생각 너머에 존재하는
그대의 참모습인 부처 자리를 되찾아야 한다.
생각에 물들지 않기에 그 자리는 항상 텅 비어 있다.
그렇다고 '가득 참'의 반대 개념에 불과한
'텅 빔'이라는 형상에 안주해서는 안 된다.
개념의 놀음에 빠져서는 안 된다.

진실은 개념 너머에 존재한다.
일체의 생각이 사라지고 없는데,
어떻게 '텅 빔'이라는 개념만 살아 있을 수 있겠는가?
일체의 생각이 사라지고 없기에
'텅 빔'이라는 개념으로 그 자리를 표현했을 뿐이다.

개념을 활용하여 그 자리를 가리킨 것일 뿐,
개념에 집착해서는 영원히 그 자리에 가 볼 수 없다.
달을 가리키는 손가락에 집착해서

어떻게 달을 볼 수 있겠는가?

이 자리는 텅 비어 있되 지극히 충만한 자리이다.
텅 비어 있기만 하는 자리라면
어떻게 일체 만물을 모두 알아차릴 수 있겠는가?
이 자리는 언제나 활발하게 살아 있어서
일체의 생각을 알아차린다.
일체의 감정과 오감을 알아차린다.

여백이 없이 글을 쓸 수 있겠는가?
우리의 참나는 여백처럼 텅 비어 있으면서
일체의 생각과 감정, 오감을 존재하게 해 준다.
그러나 절대로 생각·감정·오감에 물들지 않는다.
그래서 참나는 여여如如하니 항상 그러할 뿐이다.

어찌 이 자리에 '성스러움'과 '성스럽지 않음'이라는
생각의 흔적이 남아 있을 수 있겠는가?
그러한 생각과 분별이 남아 있는 한,
그대는 아직 그 자리를 구경조차 할 수 없다.
그러한 질문을 나에게 한다는 것 자체가
그대가 아직 그 자리에 도달하지 못했음을 보여 줄 뿐이다.

무제가 다시 물었다.
"그렇다면 내 앞에 있는 그대는 누구입니까?"

불교의 진리에 성스러울 것이 없다면,
그대는 도대체 무엇하러 나에게 왔는가?
도대체 무엇을 전해 주기 위해
멀리 인도를 떠나 이곳까지 왔는가?
도대체 그대는 무엇하는 사람인가?

달마가 대답하였다.
"모르겠습니다!"

양 무제가 답답하게 나온다.
불교에서 궁극적으로 추구하는
'부처'라는 것은 일체의 생각을 초월하여 존재하는
'텅 빈 충만'일 뿐이라는 것을 이해하지 못하고 있다.

그대여, 다시 한 번 말하노라.
나 또한 그러한 텅 빈 불성 그 자체일 뿐이다.
그 이상도 이하도 아니다.

오직 모를 뿐이다!
오직 모르는 그 자리야말로 부처의 자리이다.
나는 불법이 성스러운지 알지 못한다.
나는 불법이 성스럽지 않은지도 알지 못한다.

오직 모를 뿐이며,

오직 알아차릴 뿐이다!
이 자리야말로 모든 성인과 부처의 본처이다.
『논어論語』에서 유교의 성자인 공자님이
"내가 아는 것이 있는가?
나는 오직 모를 뿐이다!"라고 말한 것도 바로 이것이다.

그대도 '성스러움'에 대한 분별과 집착을 내려놓아라.
그리고 나처럼 오직 모르겠다는 자세를 취하라.
그대가 '황제'라는 것도 내려놓고,
그대가 불교를 위해 탁월한 업적을 지었다는 것도 내려놓아라.

그냥 모를 뿐이다!
이 '모름'은 '앎'의 짝이 되는 상대적 모름이 아니다.
'앎'과 '모름'을 모두 놓아 버린
절대적 모름이다.

이러한 '모름'이라야 일체의 생각과 분별을 초월할 수 있다.
어떠한 망상도 "모른다!"를 당할 수는 없다.
어떠한 번뇌도 "모른다!"를 당할 수는 없다.
일체의 번뇌·망상은 우리의 관심을 먹고 자란다.
우리의 무관심은 그들에게 치명적 독약이 된다.

우리는 일체의 생각과 분별에 대해
"나는 모르겠다!"라고 선언함으로써,

단박에 일체의 생각·분별을 넘어설 수 있다.

일체의 생각이 사라진 그 자리는
지극한 고요와 만족과 광명이 채울 것이다.
구름이 사라지면 태양이 드러나듯이 자연스럽게 말이다.
생각이 없는데 어지러울 것이 무엇이며,
시끄러울 것이 무엇이며, 부족할 것이 무엇이겠는가?

아무것도 알지 못하되
선명히 알아차리고 있는 그 자리야말로,
텅 비어 존재하는 그대의 '참나'이다.
그 자리를 잊어버리지 말라!

생각을 하지 말고 흐리멍덩하게 살라는 것이 아니다.
생각과 감정과 오감의 바탕이 되면서도
그것들에 물들지 않는 그 자리를,
늘 알아차리며 살라는 것일 뿐이다.
글씨를 보며 글을 읽으면서도 글씨가 존재하게 해 준
여백의 고마움도 잊지 말자는 것이다.

참나가 있기에 생각·감정·오감이 작동하는 것이다.
여백이 없이는 글씨를 쓸 수가 없다.
생각을 하고 울고 웃고 말하고 움직이는 중에도
그 자리를 잊어버리지 말아야 한다.

생각 너머의 마음인 '모르는 마음'으로 생각하고
그 마음으로 울고 웃으며 말하고 행동하라.

옳고 그름을 따지며 생각하되
생각에 집착하지 않는 것이 모르는 마음이다.
울고 웃고 말하고 행동하되
감정과 언행에 집착하지 않는 것이 모르는 마음이다.
모르는 마음은 집착할 수가 없다.
일체의 현상계에 물들지 않는 마음이니 말이다.

무제가 이를 이해하지 못하자,
마침내 달마는 강을 건너
소림사에 가서 9년간 면벽을 하였다.

양 무제가 이 간명한 진리를 이해하지 못하자,
달마는 9년간의 깊은 침묵에 들어간다.
그러나 사실 그는 애초부터 침묵을 떠난 적이 없다.

3

지장, 가장 친절한 방법

지장地藏●이 법안法眼●●에게 물었다.
"그대는 어디로 가는가?"
법안이 대답하였다.
"이리저리 돌아다녀 볼까 합니다."

지장이 물었다.
"무엇하러 그리 돌아다니는가?"
법안이 대답하였다.
"모르겠습니다."

지장이 말하였다.
"모르는 것이 가장 친절하지!"
이에 법안이 활연히 크게 깨달았다.

● 지장계침地藏桂琛(867~928) : 절강성 상산현常山縣 출신으로 현사玄沙의 법을 계승하였다.
●● 법안문익法眼文益(885~958) : 법안종法眼宗의 개조이며 절강성 여항余杭 출신으로 지장계침의 법을 계승하였다.

擧 地藏問法眼 上座何往 眼云 迤邐行脚 藏云 行脚事作麽生 眼云 不知 藏云 不知最親切 眼豁然大悟

(종용록)

지장이 법안에게 물었다.
"그대는 어디로 가는가?"

한 철 안거를 끝낸 법안은
장차 먼 길을 떠나려고 한다.
지장은 이번 안거의 성과를 확인하기 위해
길을 떠나려는 법안의 공부를 점검하고자 한다.

자, 이제 그대는 어디로 가려하는가?
사실 우리가 우리의 본질인 '참나'를 떠나서 어디로 가겠는가?
지장은 법안이 얼마나 참나에 안주하고 있는지를
점검하고자 이러한 질문을 던진 것이다.

길을 떠나려는 그대여,
그대는 참나와 함께 길을 떠나려는 것인가?
아니면 참나를 떠나 여러 형상의 세계로 길을 떠나려는 것인가?

법안이 대답하였다.
"이리저리 돌아다녀 볼까 합니다."

법안은 지장의 질문의 의도를 알아차리지 못하고 있다.
그래서 지장의 낚시에 덜컥 걸려든 것이다.
지장이여, 제가 어디로 가느냐고요?
그냥 정처 없이 여기저기 구경을 다닐까 합니다.

사실 안거를 하는 동안 너무 고요함에 집착해 있었거든요.
여기저기 구경 다닐 생각을 하니 벌써 설레는군요.

법안은 안거 동안은 참나를 느꼈을지 모르나,
행각을 나서는 순간부터,
아니 행각을 나서기도 전부터 참나를 놓치고 있다.
벌써 무수한 형상을 가져다 마음에 진열해 놓고
보고 또 보며 즐기며 설레고 있다.

지장이 물었다.
"무엇하러 그리 돌아다니는가?"

지장이 참지 못하고 일갈을 날린다.
도대체 무엇 때문에 그렇게 돌아다니는 것인가?
그대의 참나는 망각한 채 그렇게 헤매고 다닐 셈인가?
참나를 망각한 채 하는 행각이 그대에게 무슨 도움이 되겠는가?

그대는 참나를 찾기 위해 가족도 버리고 떠나온 승려이다.
그대는 참나를 찾기 위해 길을 떠나는가?
아니면 각종 세속의 형상들을 맛보기 위해 길을 떠나는가?
그대는 그대의 목적을 잊고 있지는 않은가?
그대는 지금 이 순간 그대의 참나를
망각하고 있지는 않은가?

법안이 대답하였다.
"모르겠습니다."

법안은 당황하고 만다.
무슨 말인지 감을 잡은 것이다.
잠시나마 막연히 형상에 이끌렸던 자신을 여실히 느낀다.
그렇다고 이곳에 안주하여 들어앉아 있는 것만이
참나를 찾는 길이라고 느껴지지도 않는다.

참나는 고여 있는 물건이 아니다.
이리저리 다닌다고 해서
잃어버릴 수 있는 물건이 아니란 말이다.
그러나 나는 길을 떠나기도 전에 벌써
그것을 잃어버리지 않았던가?

아, 어쩌란 말인가? 도통 모르겠다!
오직 모를 뿐이다! 생각이 멈춰 간다.
도대체 어떻게 해야 하는가?
도대체 무슨 말을 해야 하는가?

머릿속이 하얗게 된다.
모든 판단이 중지되어 간다.
생각이 사라지고 오직 답을 찾는 '나'만 존재한다.
그러나 가슴이 아직 답답하다.

나는 아직 정답을 모르고 있으니 말이다.
지장은 명확히 아는 그 답을 나는 모르고 있다.

지장이 말하였다.
"모르는 것이 가장 친절하지!"
이에 법안이 활연히 크게 깨달았다.

지장이 법안을 위해 살길을 열어 준다.
그래, 바로 그 '모르는 마음'이야말로
참나를 되찾는 가장 친절한 길이다.
그 자리를 잊지 말거라.

법안은 머릿속이 투명하게 밝아짐을 느낀다.
자신은 이미 '모르는 마음'을 얻었다.
지장의 질문에 판단이 멈추게 되었으니 말이다.
그러나 그는 그 자리에 안주하지 못했다.

뭔가 내가 모르는 올바른 답이 있으리라는 판타지와,
자신은 올바른 답을 모른다는 망상에 빠져,
생각을 떠난 그 자리에 안주하지 못하였던 것이다.

그러나 지장의 한마디에 살길을 얻었다.
그렇다! 바로 이 자리구나!
이 판단을 떠난 텅 빈 자리에 머물기만 하면 되는구나!

이 자리가 부처의 자리이자, 참나의 자리구나!

내가 이곳저곳을 다니건,
안거하여 들어앉아 있건,
'행각'이라는 개념과 '안거'라는 개념을
모두 내려놓고 자유롭게 살아가면 되는구나!

법안은 텅 빈 충만의 자리이자,
오직 모를 뿐인 자신의 '참나'를 깨달았다.

4

노조, 벽을 향해 앉다

노조魯祖●는 스님들이 오는 것을 보면
벽을 향하여 돌아앉았다.

남전南泉●●이 이 소식을 듣고 말하였다.
"내가 늘 그에게,
'공겁 이전에 깨달아야 한다'고도 말하였고,
'부처가 세상에 나오기 전에 알아야 한다'고도 말했었다.
그런데 그는 한 개 아니 반 개도 알아차리지 못한 것 같다.
이런 식이라면 그는 당나귀 해가 될 때까지
기다려야 할 것이다."

擧 魯祖凡見僧來便面壁 南泉聞云 我尋常向他道 空劫以前承當 佛
未出世時會取 尙不得一箇半箇 他恁麽驢年去
(종용록)

● 노조보운魯祖寶雲(?~?) : 당나라의 선승으로 마조도일馬祖道―의 법을 계승하였다. 안휘성의 노조산魯祖山에서 교화를 베풀었다.
●● 남전보원南泉普願(748~834) : 하남성 정주鄭州 출신으로 마조도일의 법을 계승하였다.

노조는 스님들이 오는 것을 보면
벽을 향하여 돌아앉았다.

노조는 스님들이 자신에게
참나를 찾는 길을 물으러 오면,
벽을 보고 돌아앉아 '면벽'에 들어갔다.

스님들에게 진리를 가르쳐 주기 싫어서도 아니고,
스님들에게 나처럼 벽을 보고 앉아 있기만 하면
부처가 될 수 있다고 말하고 싶은 것도 아니었다.

노조는 자신에게 오는 스님들에게
다음과 같이 외치고 싶었던 것이다.
그대들이여, 밖으로 향하는 모든 마음을 안으로 돌려 놓아라!
부처 자리는 밖의 형상에서 구할 수 있는 물건이 아니다.
오직 그대의 내면에만 존재한다.

그 자리를 되찾고 싶거든
밖으로 향하는 모든 관심을 거두어들여라!
이것만이 그대가 그대 안의 부처에 이르는 길이다.

밖의 형상들을 몽땅 놓아 버리고
벽을 보고 돌아앉은 나처럼
그대들도 당장 돌아앉아라!

그래야만 아득한 옛날부터 그대 내면에 찬란히 빛나고 있는
참나를 명확히 체험하고 되찾을 수 있다.

남전이 이 소식을 듣고 말하였다.
"내가 늘 그에게,
'공겁 이전에 깨달아야 한다'고도 말하였고,
'부처가 세상에 나오기 전에 알아야 한다'고도 말했었다.
그런데 그는 한 개 아니 반 개도 알아차리지 못한 것 같다.
이런 식이라면 그는 당나귀 해가 될 때까지
기다려야 할 것이다."

노조의 동문인 남전은 이를 보고
노조의 가르치는 방식에 오히려 타박을 놓는다.
노조여, 내가 늘 그대에게 경고를 주었는데도
아직도 그렇게 헤매고 있구나.

천지만물이 하나도 존재하지 않던
공겁 이전에 이미 깨쳤어야 하며,
부처도 세상에 나와 깨달음을 설하기 전에
그때 이미 깨쳤어야 한다.

이를 어기는 닦음으로는
절대로 부처의 자리에 이르지 못할 것이다.
그런 식으로 형편없이 닦아서는

달력에도 없는 '당나귀 해'에나 깨달음을 얻을 것이다.

당나귀 해란 달력에 없는 간지干支이니
노조는 절대로 깨달을 수 없다는 소리이다.
아니 노조의 친절한 가르침이 무슨 문제가 있기에,
남전은 이리도 혹평을 가하는가?

노조와 남전은 진리의 도반이다.
개인적인 원한으로 이런 말을 주고받을 사이가 아니다.
하물며 남전의 말처럼 노조가 깨닫지 못한 존재도 아니다.

그렇다면 도대체 남전은 왜 이런 말을 하는가?
그 이유는 아주 간단하다.
남전은 노조의 도반으로서
노조의 반쪽을 채워 주고자 한 것이다.
노조의 가르침은 진실로 옳으나 거기엔 함정이 있다.
그래서 남전이 그 반쪽을 채워 주는 역할을 자청한 것이다.

진리는 빈 곳이 있으면 채워 줄 뿐,
내가 너를 도왔느니 하는 아집이 없다.
그냥 빈 곳이 있으니 손을 빌려줄 뿐이다.

무엇이 빈 곳이냐?
노조의 가르침은 진실로 옳으나,

근기가 낮은 많은 이들이 오해를 한다.
노조의 몸뚱이를 흉내 내어 담벼락을 들여다보고 앉은 채,
온갖 망상을 피우며 부처가 되기만을 기다리고 있는 것이다.

그들은 '세상'이라는 형상을
'벽'이라는 형상으로 대치했을 뿐이다.
그들은 자신이 내려놓아야 할 주범이
바로 '생각'이라는 사실을 꿈에도 모르고 있다.

'세상'이라는 개념, '벽'이라는 개념을
모두 초월하여 생각 이전의 본래 자리로 들어가야 한다.
그 자리는 천지만물의 구분이 사라진 자리이며,
'부처'라는 개념조차 도달하지 못하는 자리이다.

생각이 없는데 무엇이 '하늘'이고 무엇이 '땅'이며,
무엇이 '부처'이고 무엇이 '깨달음'이라는 말인가?
그 자리에는 오직 일체의 형상을 초월하여 존재하는
'텅 빈 충만' '순수한 알아차림'만이 오롯할 것이다.

남전은 바로 이러한 이치를 설파하고 있다.
일체의 생각을 초월하지 못하고
노조의 면벽만을 흉내 내는 자들은
영원히 참나를 구경조차 하지 못할 것이다.
이것이 남전이 노조를 채워 준 부분이다.

5

삼성,
투망에서 벗어난 황금빛 물고기

삼성三聖●이 설봉雪峯●●에게 물었다.
"투망에서 벗어난 황금빛 물고기는 무엇을 먹고 삽니까?"
설봉이 말하였다.
"그대가 투망에서 벗어난 뒤에 말해 주겠다."

삼성이 말하였다.
"천오백 명을 거느린 선지식이 이 말도 모른단 말입니까?"
설봉이 말하였다.
"노승이 주지 일로 바빠서."

擧 三聖問雪峯 透網金鱗 未審以何爲食 峯云 待汝出網來向汝道 聖云 一千五百人善知識 話頭也不識 峯云 老僧住持事繁

(종용록·벽암록)

● 삼성혜연三聖慧然(? ~ ?) : 당나라 임제종臨濟宗의 선승으로 임제의현臨濟義玄의 법을 계승하였다.
●● 설봉의존雪峯義存(822~908) : 복건성 남안南安 출신으로 덕산선감德山宣鑒의 법을 계승하였다.

삼성이 설봉에게 물었다.
"투망에서 벗어난 황금빛 물고기는 무엇을 먹고 삽니까?"

시공을 초월한 자유로운 존재인 '참나'를
온갖 번뇌와 망상으로 구속하는 '무명無明'의 어두움이야말로
황금빛 물고기를 덮고 있는 투망이다.

생각의 어두움,
감정의 어두움,
오감의 어두움,
일체의 어두움을 초월한 바로 그 자리는
어떻게 존재하는가?

이것이 삼성의 질문의 요지이다.
일체의 형상을 몽땅 벗어나서
무한한 자유에서 노니는 황금빛 물고기(참나)는
과연 어떻게 살아가는 존재인가?

설봉이 말하였다.
"그대가 투망에서 벗어난 뒤에 말해 주겠다."

설봉은 말한다.
그대여, 일단 그러한 '생각의 투망'에서 벗어나라.
부처가 되고자 하는 그대에게 지금 필요한 것은

그러한 불필요한 '생각'들을 내려놓는 것이다.

그냥 부처로 존재하라!
곧장 투망을 초월하라!
왜 그것에 대한 나의 의견이 필요한가?
왜 나에게 와서 묻는 것인가?
그 자리는 그대 스스로가 체험해야 하는 자리일 뿐이다.

지금 당장 '투망'이니 '황금빛 물고기'니 하는
모든 개념의 흔적들을 내다 버리고
그냥 모르겠다는 마음으로 존재하라.
어떠한 생각이 올라오건
그들을 알아차리고 내려놓으라.
그들에게 끌려가지 말라.

모든 '생각'은 마음의 '형상'을 만들어 낸다.
여기까지는 문제가 되지 않는다.
허공에 형상이 있다고 해서
허공이 무너지거나 물들지는 않으니 말이다.

그러나 우리가 그 '형상'에 집착하게 되면
사정이 달라진다.
시야가 무한히 좁아진다.
허공을 망각하고 눈앞의 형상에만 매달리게 된다.

결국 물속에서 목말라하는 지경에 이르게 된다.

사정이 이러니 그대는 생각을 일으키지 말라.
그냥 "모르겠다!"라고 선언하며
모든 마음의 형상들을 바라보되 무시하라.
그냥 무시하라!
그리고 생각 이전의 나(참나)로 존재하라!
이것이 필요한 전부이다.

그대가 형상으로부터 자유로워질수록
몸과 마음은 상쾌해질 것이며
마음은 본래의 순수함과 청정함을 회복할 것이다.

황금빛 물고기가 투망을 벗어나는 법을 물었는가?
답은 간단하다.
투망을 내려놓는 것이다.
투망에 집착하지 않는 것이다.

사실 황금빛 물고기는 본래 투망에 걸릴 수가 없다.
바람이 그물에 걸릴 수 없듯이
황금빛 물고기도 투망에 걸릴 수 없다.
다만 투망에 걸렸다고 여기는 '생각'이 있을 뿐이다.

자신이 투망에 걸려 있다는 '형상'을

내려놓는 순간,
황금빛 물고기는 찬란한 빛을 뿌려 대며
약동할 것이다.

이 자리는 반드시 그대가 직접 체험해야 한다.
투망에서 벗어나기 위해 '개념'을 얻으려는 행위는
도둑을 잡기 위해 도둑을 불러들이는 꼴이 될 것이다.

삼성이 말하였다.
"천오백 명을 거느린 선지식이 이 말도 모른단 말입니까?"

삼성은 흥분한다.
아니, 도대체 왜 말을 해 주지 않는 것입니까?
왜 모든 것을 명쾌하게 설명해 주는
멋진 '개념'을 내놓지 않는 것입니까?
천오백 명이나 거느린 선지식께서,
이런 중요한 사안에 대해서 말을 하지 못한다는 것이
말이나 되는 소리입니까?

설봉이 말하였다.
"노승이 주지 일로 바빠서."

그대가 아무리 떼를 써도 소용없는 일이다.
말할 수 없는 것은 말할 수 없는 것이다.

그대가 투망을 벗어나기 위해 필요한 것은
나의 멋진 대답이 아니다.
지금 당장 짊어지고 있는 투망을 내려놓는 것,
이것이 그대가 해야 할 일인 것이다.

6

원각경, 그냥 존재하라

『원각경圓覺經』에서는 다음과 같이 말하였다.

일체의 시간 속에 살되
망령된 생각이 일어나지 않게 하라.
온갖 망령된 마음을 없애려 하지 말라.
망령된 생각과 경계에 머물되
그 사실을 알려고 하지 말라.
알지 못하는 것에 대해서
진실을 가리려 하지 말라.

擧 圓覺經云 居一切時 不起妄念 於諸妄心 亦不息滅 住妄想境 不加 了知 於無了知 不辨眞實

(종용록)

선문답에서 배우는 禪의 지혜

『원각경』에서는 다음과 같이 말하였다.
일체의 시간 속에 살되
망령된 생각이 일어나지 않게 하라.

망령된 생각을 일으키지 말라(不起)!
이것과 밑의 3가지 가르침은
곧장 참나를 깨닫는 최고의 비결들이다.

우리는 참나를 찾으라고 하면
세속을 버리지 못하겠다고 한다.
누가 그대에게 세속을 버리라고 했는가?
그대가 버려야 할 것은 '세속'이 아니다.
그대가 버려야 할 것은 바로 그대의 '망상'이다.
그대로 하여금 눈앞의 형상에만 집착하게 하여
참나를 망각하게 만드는 '망상'이야말로
그대가 참으로 버려야 할 것이다.

생각과 감정, 오감들로 이루어지는
'형상'(相, 마음에 떠오르는 이미지) 그 자체는
참나의 현현을 방해하지 않는다.
형상 자체는 '참나의 나툼'일 뿐이다.
그러나 하나의 형상이 마음속에 생겨나면
우리는 그 형상에 집착하게 된다.

문제는 여기서 시작된다.
형상에 집착하여 참나를 잊어버리는 것,
이것이 우리가 빠지는 함정이다.
이것이 모든 윤회의 원인이다.

우리로 하여금 가장 집착하게 만드는 형상은
'생각이 짓는 형상'이다.
생각의 형상만큼 우리를 참나로부터 떼어 놓는 것도 없다.
오감에서 자신을 분리해 내기는 쉬우나
생각에서 자신을 분리해 내기는 어렵다.
사실 '생각'은 '나 자신'이라고 느껴질 정도이다.

따라서 모든 형상의 근원이자,
우리 내면의 텅 빈 근원인 참나를
찾는 가장 손쉬운 방법은
바로 생각을 멈추고 존재하는 것이다.

오직 모른다는 마음,
판단을 초월한 마음으로 살아가라!
생각을 하지 말라는 것이 아니다.
생각을 넘어서라는 것이다.
생각이라는 형상이 일어나고 사라지는 것에 개의치 말고
그냥 생각을 초월하여 존재하고 살아가라.
이것이야말로 참나를 찾는 우리가

지금 당장 해야 할 일이다.

생각을 하되 생각에 집착하지 말고 살자는 것이다.
생각은 생각일 뿐, 내가 생각은 아니다.
나는 생각이 일어나고 머물고 사라지는 것을
알아차리는 '바라보는 자'일 뿐이다.
자신의 생각과 자신을 동일시하지 않고 사는 것이
생각을 초월하여 살아가는 법이다.

우리의 참나는 생각 이전의 자아이다.
생각 이전의 알아차리는 자이다.
알아차리는 자가 없다면 우리의 생각은 일어날 수가 없다.
생각보다 알아차리는 자가 우리의 본래 모습이다.

누가 우리를 불렀을 때,
대답을 하려는 한 생각이 일어나기 이전에,
우리는 누가 우리를 부른다는 사실을 선명히 알아차린다.
물론 그 순간만큼은 어떠한 생각도 없다.
단지 알아차릴 뿐이다.
이 마음이 바로 우리의 본래면목이다.
그 자리를 놓치지 말아야 한다.

온갖 망령된 마음을 없애려하지 말라.

망령된 생각을 없애려 하지 말라(不滅)!
망상을 없애고자 할수록
오히려 온갖 망상이 더욱 일어난다.
망상이나 망상을 없애려고 하는 그 마음이나
모두 '생각'일 뿐이다.

망상에 대해
"큰일이다. 망상에 빠져 버렸다!"
"망상에서 빨리 벗어나야 하는데!"라고 생각하지 말라.
그냥 생각 자체를 초월하라!
오직 모를 뿐이다.

망령된 생각과 경계에 머물되
그 사실을 알려고 하지 말라.

자신이 망상에 빠져 있다는 것에 대해
개념화하려고 하지 말라(不知)!
망령된 생각에서 벗어나는 최고의 요령은
자신이 망령된 생각에 빠졌다는 사실을 곱씹는 것이 아니라,
모든 생각을 내려놓는 것이다.

우리가 '망상'이라는 개념을 세우는 순간,
망상은 더욱 더 강력하게 존재하게 될 것이다.
그러나 '망상'이란 개념을 내려놓는 순간,

우리 마음에서 망상이라는 것은 존재를 상실하게 될 것이다.

망상과 싸우지 말라. 그림자와 싸우지 말라.
그냥 초월하라. 그들을 무시하라.
그들은 우리의 본질이 아니다.
일체의 판단을 중지하고
곧장 중심에 뛰어들어라!

알지 못하는 것에 대해서
진실을 가리려 하지 말라.

모르는 것에 대해 분석하지 말라(不辨)!
생각 이전의 나는 오직 모를 뿐이다.
그 자리를 '생각'으로 오염시키지 말라.
그냥 청정하고 투명하게 존재하라!

그 자리에는 '앎'과 '모름'이 없다.
그 자리에는 '문자 놀음'이 없다.
그냥 명백히 알아차리되
늘 모르는 자리이다.

천지가 무너져도 모르는 자리이며,
내가 태어나고 죽어도 모르는 자리이다.
일체를 모르는 그 상태로 존재해 보라.

보조普照 스님의 『수심결修心訣』에서 이르길,
"오직 모르는 줄만 알면
그 자리가 바로 견성하는 자리이다!"라고 하였다.
일체를 모르는 그 자리가 바로
우리의 본래 모습인 '텅 빈 충만'이다.

7
운문, 호떡으로 입을 막다

한 스님이 운문雲門에게 물었다.
"어떠한 것이 부처와 조사를 초월한 이야기입니까?"
운문이 대답하였다.
"호떡이지!"

擧 僧問雲門 如何是超佛越祖之談 門云 餬餅

(종용록·벽암록)

● 운문문언雲門文偃(?~949) : 운문종雲門宗의 개조로 설봉의존雪峰義存의 법을 계승하였다.

한 스님이 운문에게 물었다.
"어떠한 것이 부처와 조사를 초월한 이야기입니까?"

보통은 부처 자리를 와서 묻는데,
이 스님이 독특하다.
부처와 조사를 모두 초월한 자리를 묻는다.
참된 부처 자리에는
'부처'니 '조사'니 하는 이름이 붙지 못한다는 것을
들어서 알고 있는 자이다.

그러나 어디까지나 '들어서' 알고 있다.
그러니 운문을 찾아와 이렇게 묻고 있는 것이다.
언어를 모두 초월한
그런 자리가 있다는데 어떤 자리입니까?

운문이 대답하였다.
"호떡이지!"

언어를 초월한 그 자리를 묻는 스님에게 내린
운문의 답이 걸작이다.
호떡일 뿐이다!
이 무슨 말인가?
호떡이나 먹으란 소리인가?
호떡에 불성이 있다는 소리인가?

이런 생각 저런 생각을 모두 내려놓고
그냥 호떡이 되어 보라.
제대로 된 호떡을 만들려면 터진 곳이 없이 빚어야 한다.
호떡을 빚을 때 조그마한 구멍이라도 터지면
속의 내용물이 모두 흘러나와 버린다.

미세한 구멍도 존재하지 않은
호떡으로 존재하라!
그대의 마음을 호떡처럼 간수하라.
한 생각에 집착하게 되면 호떡이 터지고 만다.

어떠한 형상에도 집착하지 않는
텅 빈 마음을 유지하라.
그 자리가 바로 언어를 초월한 자리이다.
모르는 마음이 깨어지면 터진 호떡이 된다.
그대는 온전한 호떡인가?
아니면 터진 호떡인가?

8
동산,
분별에 떨어지지 않는 몸

한 스님이 동산洞山에게 물었다.
"세 몸 중에서 어느 몸이
이런저런 분별에 떨어지지 않는 몸입니까?"
동산이 말하였다.
"나도 늘 그것이 정말 궁금했네."

擧 僧問洞山 三身中那身 不墮諸數 山云 吾常於此切

(종용록)

● 동산양개洞山良价(807~869) : 조동종曹洞宗의 개조로 운암담성雲巖曇晟의 법을 계승하였다.

한 스님이 동산에게 물었다.
"세 몸 중에서 어느 몸이
이런저런 분별에 떨어지지 않는 몸입니까?"

불교는 우리가 수행을 하면 3가지 몸을 이룬다고 말한다.
첫째는 '법신法身'이니 시공이 끊어진 진리의 몸이며,
둘째는 '보신報身'이니 생각과 감정의 몸이며,
셋째는 '화신化身'이니 지수화풍으로 이루어진 물질의 몸이다.

자, 이 중에서 어느 몸이 분별을 초월한 몸인가?
답은 너무도 분명하다.
법신·보신·화신 중에서 '생각'을 초월하여 존재하는 자리는
오직 시공을 초월하여 존재하는 '법신'뿐이다.
보신과 화신은 엄연히 현상계에 존재하는 몸이니 말이다.

그러나 이 스님은 그것을 몰라서 묻는 것이 아니다.
이 스님은 동산에게 수작을 걸고 있다.
동산을 함정에 빠뜨리려는 수작이다.
동산이여, 당신도 아시다시피 3가지 몸 중에서
분별에 떨어지지 않는 '법신'이 있습니다.

그런데 저는 '법신'을 말로 할 수 없습니다.
법신은 분별에 떨어지지 않는 몸이니 말입니다.
제가 그것을 '법신'이라고 부르는 순간,

법신은 분별에 떨어지고 말 것입니다.
동산이여, 대답해 보십시오.
'법신'을 '법신'이라고 하지 말고 설명해 보시오!

동산이 말하였다.
"나도 늘 그것이 정말 궁금했네."

동산은 노련하다.
그런 어수룩한 수작에 걸려들 위인이 아니다.
그대여, 나도 그 점이 궁금하네.
나는 오직 모를 뿐이네.

소금인형은 바닷물의 깊이를 잴 수 없다.
바닷물의 깊이를 재기 위해
바다에 들어가는 순간,
녹아 없어질 것이니 말이다.
마찬가지로 우리는 법신을 설명할 수 없다.
우리가 법신이 되는 순간,
우리의 생각은 사라지고 말 것이니 말이다.

나도 그 자리를 말할 수 없다.
내가 그 자리에 도달하는 순간,
'혀'와 '말'을 상실하고 만다.
'나'와 '그대'를 잃어버리고 만다.

그러니 어떻게 그 자리를 설명할 수 있겠는가?

오직 궁금해할 뿐이다!
오직 모를 뿐이다!
오직 알아차릴 뿐이다!
더 이상 무슨 말이 필요하겠는가?

온 마음을 기울여 간절히 의심할 뿐인
그 상태가 바로 우리가 찾는 그 자리이다.
화두선의 원리도 여기서 나온다.
오직 의심할 뿐!
모든 생각과 분별을 내려놓고 간절히 의심하는 것,
이것 또한 참나에 이르는 길이다.

오직 궁금해할 뿐!
일체의 생각을 붙이지 말고,
생각으로 헤아리지 말아야 한다.
그냥 모를 뿐이다.
알려고 하면 분별에 떨어지게 된다.

궁금해하는 그 마음에 몰입이 되어
분별이 사라지면 곧장 참나가 드러나게 된다.
법신이니 보신이니 하는 분별이 있는 한,
분별을 초월한 자리가 아니다.

분별을 초월하여 존재하라!
어떠한 생각이 일어나든지,
어떠한 답변이 떠오르든지,
모두 내려놓고
그냥 궁금해하기만 하라!

바로 그 자리가 그대가 찾는 답이다!
머리로 알려고 하지 말라.
그대의 존재 자체가 그 의문의 답이 되게 하라.
의문의 답을 밖에서 찾지 말라.
궁금해하는 그 마음이 바로 그대가 찾는 답이다.

9

조주, 나도 몰라

조주趙州가 대중에게 말하였다.
"지극한 도道는 어렵지 않으니,
오직 이거다 저거다 분별하지만 않으면 된다.
'말'이란 것이 생겨나자마자
'분별함'이니 '명백함'이니 하는 말들이 생겨난다.
노승은 명백함에도 머물지 않는다.
그런데 그대들은 오히려 명백함에 머무는 것을
아주 중시한다. 그렇지 않은가?"

이때 한 스님이 물었다.
"이미 명백함에도 머무르지 않는다고 하셨는데,
그렇다면 어떤 것을 중시해야 합니까?"
조주가 대답하였다.
"나도 몰라!"

● 조주종심趙州從諗(778~897) : 남전보원南泉普願의 법을 계승하였다. 80세 이후로 하북성河北省 조주趙州 관음원에 머물며 가르침을 베풀고 120세에 입적하였다.

스님이 물었다.
"스님께서 이미 모르신다면,
도대체 무엇 때문에 명백함에도
머무르지 말라고 하시는 것입니까?"
조주가 대답하였다.
"다 물었으면 절하고 물러가게."

擧 趙州示衆云 至道無難 唯嫌揀擇 才有語言 是揀擇是明白 老僧不在明白裡 是汝還護惜也無 時有僧問 旣不在明白裡 護惜箇什麼 州云 我亦不知 僧云 和尙旣不知 爲什麼卻道不在明白裡 州云 問事卽得 禮拜了退
(벽암록)

조주가 대중에게 말하였다.
"지극한 도는 어렵지 않으니,
오직 이거다 저거다 분별하지만 않으면 된다.
'말'이란 것이 생겨나자마자
'분별함'이니 '명백함'이니 하는 말들이 생겨난다.
노승은 명백함에도 머물지 않는다.
그런데 그대들은 오히려 명백함에 머무는 것을
아주 중시한다. 그렇지 않은가?"

중국의 3조인 승찬僧璨의 『신심명信心銘』에는
다음과 같은 가르침이 전해 온다.

"지극한 도는 어렵지 않으니
오직 이거다 저거다 분별하지만 않으면 된다.
단지 싫음과 좋음을 내려놓기만 하면
확 트여 명백할 것이다."
至道無難 唯嫌揀擇
但莫憎愛 洞然明白

지극한 도에 이르는 길은 아주 쉽다.
자신이 지극한 도에 도달하지 못했다는 생각과,
도달해야 할 지극한 도가 있다는 생각만 내려놓으면 된다.
이리저리 따지는 개념적 분석만 멈춘다면,
즉각 지극한 도에 도달하게 될 것이다.

일체의 개념이 사라진 그 자리가 바로
우리의 텅 빈 참나의 자리이니 말이다.
그러니 내가 지금 '분별'에 빠져 있다는 생각,
그리고 '명백함'에 도달해야 한다는 생각만 버리면,
즉각 참나에 도달하는 것이다.

일체의 생각이 사라지고 없는 그 자리에
어찌 '분별'이라는 개념이 존재하겠으며,
어찌 '명백'이라는 개념이 존재하겠는가?
『신심명』의 가르침도 바로 이것이다.
짝이 되는 두 개념을 몽땅 벗어던지고 나면
홀연히 확 트여 광명한 참나 자리에 도달할 것이란 소리이다.

조주는 『신심명』의 가르침을 다시 반복하고 있다.
그대여, 이렇게 가르침이 명백한데
왜 그 길을 가지 않는 것인가?
혹시라도 분별을 미워하고 명백을 추구한다면,
이 역시 참나에 이르는 길이 아닐 것이다.
그냥 모르는 마음만 지키라!
그 자리가 바로 모든 부처들이 머무는 자리이다.

이때 한 스님이 물었다.
"이미 명백함에도 머무르지 않는다고 하셨는데,
그렇다면 어떤 것을 중시해야 합니까?"

이런, 그토록 자세히 일러 주었건만
또 다시 '명백'이라는 형상에 걸려들었다.
일이 이렇게 되면 백약이 무효이다.
오직 모를 뿐이다!
그냥 모른다는 것만 알아차려라!
왜 명백함을 추구하는가?

'명백'이든 '분별'이든 모두 '언어'요, '생각'일 뿐이다.
일체의 생각을 그대로 벗어 두고 초월하라.
그냥 생각에 집착하지만 않으면 된다.
생각이 일어나건 말건 그냥 무시하면 된다.
어떠한 생각이 일어나건 "모른다!"라고 염念하라!
무관심은 쇠도 녹일 수 있다.
그대의 무관심에 모든 번뇌가 녹아 사라질 것이다.

조주가 대답하였다.
"나도 몰라!"

명백함에도 머물러서는 안 된다.
진실로 명명백백한 그 자리에 머물러야지,
'명백함'이라는 말에 취해서는 안 된다.
오직 모를 뿐이다!
마음에 '명백하다'라는 생각이 남아 있는 한
아직은 차원을 초월할 수 없다.

시공을 내려놓아야 시공이 없는 차원에 들어간다.
생각을 내려놓아야 생각이 없는 차원에 들어간다.

스님이 물었다.
"스님께서 이미 모르신다면,
도대체 무엇 때문에 명백함에도
머무르지 말라고 하시는 것입니까?"

아이쿠, 이번에는 '모름'에 걸려들었다.
'명백함'에서 '모름'으로 형상을 바꾸어 취했다.
이런 식이라면 당나귀 해에나 성불할 것이다.
'모름'이니 '명백'이니 하는 것들을
그냥 내려놓아라.

조주가 대답하였다.
"다 물었으면 절하고 물러가게."

그대에게 더 해 줄 말은 없다.
그 자리를 어떻게 말로 표현할 수 있다는 말인가?
그냥 "모른다!"라는 마음을 지켜라.
오직 모른다는 것만 알아차려라!

생각이 일어나도 "모른다!"라고 하라.
생각이 사라져도 "모른다!"라고 하라.

분별심을 버리고 싶어도 "모른다!"라고 하라.
명백함에 이르고 싶어도 "모른다!"라고 하라.

모르는 마음으로 오고 가라.
모르는 마음으로 살아가라.
오직 그뿐이다!

10
남전,
마음도 부처도 물건도 아니다

남전南泉이 백장百丈 열반涅槃 화상을 찾아갔다.
백장이 물었다.
"예로부터 모든 성인들도
남에게 설명하지 못했던 법이 있습니까?"
남전이 대답하였다.
"있습니다."

백장이 물었다.
"어떤 것이 남에게 설명하지 못했던 법입니까?"
남전이 대답하였다.
"마음도 아니고 부처도 아니고 물건도 아닙니다!"
백장이 말하였다.
"설명해 버렸군요."

남전이 물었다.
"저는 이렇게밖에 못하겠습니다.
스님께서는 어떻게 하시겠습니까?"
백장이 대답하였다.

"저는 대단한 선지식이 못 되는데,
설명할 수 있는지, 설명할 수 없는지를
어떻게 알 수 있겠습니까?"

남전이 말하였다.
"저는 모르겠습니다!"
백장이 말하였다.
"제가 그대에게 너무 많이 설명해 버렸군요."

擧 南泉參百丈涅槃和尙 丈問 從上諸聖 還有不爲人說底法麽 泉云 有 丈云 作麽生是不爲人說底法 泉云 不是心 不是佛 不是物 丈云 說了也 泉云 某甲只恁麽 和尙作麽生 丈云 我又不是大善知識 爭知有說不說 泉云 某甲不會 丈云 我太殺爲爾說了也
(벽암록·무문관)

남전이 백장 열반 화상을 찾아갔다.
백장이 물었다.
"예로부터 모든 성인들도
남에게 설명하지 못했던 법이 있습니까?"

백장이 남전의 깨달음을 점검할 요량으로
넌지시 낚시를 던진다.
남전이여, 고금을 통해 어떠한 성인도
남에게 말로 설명해 주지 못한 그러한 진리가 있습니까?
눈치를 보아하니 백장은 남전에게
그 자리를 말로 설명해 보라고 요구할 요량이다.

남전이 대답하였다.
"있습니다."

남전이 순순히 걸려들었다.
백장이여, 그 자리는 지금 이 순간에도,
저의 마음속에 분명히 살아 있습니다.
어떻게 그 자리를 의심할 수 있겠습니까?
차라리 허망한 우리의 몸뚱이와 생각과 감정을 의심할지언정
어찌 그 자리를 의심할 수 있겠습니까?

백장이 물었다.
"어떤 것이 남에게 설명하지 못했던 법입니까?"

백장은 지독하다.
공세를 조금도 늦추지 않고 있다.
그대 말대로 그 자리가 그토록 분명하게 존재한다면,
말로 표현할 수 없는 그 자리는 무엇인가?

백장은 불가능한 요구를 하고 있다.
말로 설명할 수 없다면서
말로 설명해 달라고 요구하고 있다.
자, 남전은 이러한 백장의 공세에 어떻게 대처해야 옳은가?

남전이 대답하였다.
"마음도 아니고 부처도 아니고 물건도 아닙니다!"

그 자리를 말로 설명할 수는 없다.
따라서 남전은 일체의 형상을
부정하는 방식으로 그 자리를 설명한다.
모든 개념을 초월하여 존재하는 그 자리는
'마음'도 아니며
'부처'도 아니며
'물건'도 아니다.
'마음'이니 '부처'이니 '물건'이니 하는 일체의 형상을
초월하여 존재하는 자리야말로 우리의 '참나'이다.

백장이 말하였다.

"설명해 버렸군요."

남전이여, 말로 설명할 수 없다더니
그대는 잘도 설명하는군.
형상을 초월해야 한다고 하면서도
엄청난 형상을 토해 내고 있다.

그대의 말대로라면 그 자리는
마음과 부처와 물건이 아닌 그 무엇이 되고 만다.
이 또한 말로 이루어진 '설명'일 뿐이다.
언어와 개념으로 참나를
무참히 토막 내고 있는 것이다.

남전이 물었다.
"저는 이렇게밖에 못하겠습니다.
스님께서는 어떻게 하시겠습니까?"
백장이 대답하였다.
"저는 대단한 선지식이 못 되는데,
설명할 수 있는지, 설명할 수 없는지를
어떻게 알 수 있겠습니까?"

남전은 항복을 선언한다.
백장이여, 그대가 해 보시오.
말로 설명할 수 없는 그 자리를

생생하게 설명해 보시오.

백장은 노련하다.
남전이여, 나는 그대처럼
대단한 선사가 되지 못한다.
그런 내가 어떻게 설명할 수 있는지, 없는지를
알 수 있겠는가?
나는 모르겠다. 오직 모를 뿐이다!

남전이 말하였다.
"저는 모르겠습니다!"

백장은 무슨 수작을 부리는 것인가?
이제 와서 모르겠다니.
어처구니가 없는 수작이다.
공연히 평지에 풍파를 일으켜
엄청난 문제를 나에게 던져 주더니,
자신은 몸을 빼 버리고 있다.

남전은 백장이 판 함정에 빠졌다.
설명할 수 없는 것을
설명해야 한다는 함정에 빠지고 말았다.

남전은 당황하고 만다.

도대체 어떻게 해야
말로 설명할 수 없는 그 자리를
설명하지 않으면서도 전달할 수 있다는 말인가?
도통 모를 일이다!

도대체 어떻게 해야 한다는 말인가?
과연 그런 방법이 있다는 말인가?
모를 일이다. 모든 판단이 멈추어 간다.
참으로 모를 일이다!

백장이 말하였다.
"제가 그대에게 너무 많이 설명해 버렸군요."

남전이여, 설명할 수 없는 자리는
설명할 수 없다.
왜 설명할 수 없는 그 자리를
설명하려고 하는가?
오직 모를 뿐이다!

오직 모를 뿐인
그 마음이 바로 부처의 마음이다.
이리저리 꿰맞추려 하지 말라.
설명하려고 하지 말라.

남전이여, 그대는 내가 판 함정에 빠졌다.
설명할 수 없는 자리를
설명하고자 공연히 애를 썼다.
그러니 '판단 중지'의 상태에 빠지게 된 것이다.

그런데 사실 그것은 내가 의도한 바였다.
'설명할 수 있음'과 '설명할 수 없음'의
일체의 판단을 넘어선 그 자리야말로,
일체 성인들이 설명하지 못했던
바로 그 자리이다!

모든 생각이 끊어져 텅 비되
날카롭게 알아차리고 있는
그 자리야말로,
그대의 본래 모습이다.

나는 그 자리에 대해
한 마디도 설명하지 않고
그 자리를 그대의 마음에 전해 주었다.
그대가 그토록 선명히
그 자리를 느낀 것을 보니,
너무 설명이 자세했던 것 같다.

11

혜충,
비로자나의 정수리를 밟고 가라

숙종 황제가 혜충慧忠● 국사에게 물었다.
"어떤 것이 부처입니까?"
국사가 대답하였다.
"시주께서는 비로자나의 정수리를 밟고 지나가십시오."

황제가 말하였다.
"저는 잘 모르겠습니다."
국사가 말하였다.
"자신의 청정한 법신도 인정하지 마십시오."

舉 肅宗帝問忠國師 如何是十身調御 國師云 檀越踏毘盧頂上行 帝云 寡人不會 國師云 莫認自己淸淨法身
(벽암록)

● 남양혜충南陽慧忠(?~775) : 강소성 월주越州 출신으로 6조 혜능慧能의 법을 계승하였다.

숙종 황제가 혜충 국사에게 물었다.
"어떤 것이 부처입니까?"
국사가 대답하였다.
"시주께서는 비로자나의 정수리를 밟고 지나가십시오."

숙종 황제는 '부처'라는 형상에 집착하고 있다.
그래서 그는 혜충 국사에게 부처라는 개념이 지닌
멋진 형상에 대해 설명해 달라고 요구하고 있다.
스님, 도대체 '부처'라는 존재는 얼마나 화려하고
얼마나 장엄하며 얼마나 전지전능합니까?

혜충 국사는 단호하다.
부처는 '개념'을 초월한 자리이지,
'개념의 놀음'에 속하는 자리가 아니다.
그대가 진정으로 부처가 되고자 한다면,
부처라는 개념을 버려야 한다.

생각을 가지고는
생각을 초월한 부처의 세계에 진입할 수 없다.
시공에 제약된 자아인 '에고'와
생각의 창작물인 '개념'을 지니고서는
'부처'의 자리에 도달할 수 없다.
그러나 부처라는 개념을 내려놓는 순간,
그대는 이미 부처로서 존재할 것이다!

이 얼마나 간단한 일인가?

부처가 되어야 겠다는 생각이 일어날 때,
"모른다!"라고 선언하라.
자신이 부처와는 거리가 멀다고 느껴질 때,
"모른다!"라고 선언하라.
오직 모르는 마음만 잘 지켜라!
그 순간 그대의 내면은
그 어떤 빛보다 환하게 빛날 것이다.
투명하게 청정한 빛을 뿜어낼 것이다.

황제가 말하였다.
"저는 잘 모르겠습니다."

그렇다. 이제야 제대로 대답하고 있다.
몰라야 한다.
알려고 하지 말라!
자신이 모른다고도 생각하지 말라!
그냥 철저히 몰라야 한다.
알고 모르고를 떠난 '절대적인 모름'이어야 한다.
그 자리야말로 그대의 본래면목이다.

국사가 말하였다.
"자신의 청정한 법신도 인정하지 마십시오."

설사 자신의 청정한 법신을 깨달았다고 하더라도,
절대로 그 자리를 대상화하여
또 다른 '형상'과 '개념'을 만들어서는 안 된다.
절대로 자신의 '참나'도 인정하지 말라!
참나를 대상화하지 말라!
참나를 형상으로 전락시키지 말라!

참나를 깨닫건 깨닫지 못하건
일체의 판단을 멈춘, 모를 뿐인 그 마음만 지켜야 한다.
자신의 중심 봉인 참나를 놓치고
마음속에 형상을 짓고 그 안에 안주할 때,
참나는 더욱 가려지게 되고
에고는 더욱 치성해지게 될 것이다.

二

나에게서 나를 구하라

남전, 고양이를 베다

앙산, 생각하는 그대는 누구인가

위산, 이것은 무엇인가

중읍, 원숭아 내가 너와 만나는구나

동산, 추위와 더위가 없는 곳

마조, 백장과 들오리를 보다

육조, 선도 악도 생각지 말라

조산, 청원 백가주를 3잔이나 마신 그대

서암, 주인공을 부르다

용담, 아직도 캄캄한가

달마, 그대의 마음을 가져오게

1

남전, 고양이를 베다

남전南泉이 선원에서 머물던 어느 날,
동당과 서당의 대중들이 고양이를 두고 논쟁이 벌어졌다.

남전이 고양이를 집어 들고 말하였다.
"한 마디 말을 내놓을 수 있다면 이 고양이를 베지 않겠다!"
그러나 대중은 대답을 하지 못하였다.
이에 남전은 고양이를 두 조각으로 베어 버렸다.

남전은 이후 조주趙州에게 이 일을 이야기하였다.
그러자 조주는 신고 있던 짚신을 벗어서
머리 위에 이고 나가 버렸다.
남전이 말하였다.
"그대가 그 자리에 있었다면
고양이를 살릴 수 있었을 텐데."

擧 南泉一日 東西兩堂爭猫兒 南泉見遂提起云 道得卽卽不斬 衆無對 泉斬卻猫兒爲兩段 泉復擧前話問趙州 州便脫草鞋 於頭上戴出 泉云 子若在 恰救得猫兒

(종용록·벽암록·무문관)

선문답에서 배우는 禪의 지혜

남전이 선원에서 머물던 어느 날,
동당과 서당의 대중들이 고양이를 두고 논쟁이 벌어졌다.

남전이 머물던 절에서 난리가 났다.
원인은 바로 '고양이'였다.
무슨 이유에서 스님들이 난리법석을 떨었는지는 중요하지 않다.
그 이유가 중요한 것이었다면
분명히 여기에 함께 기록되었을 것이다.
그러나 그 이유는 기록되지 않았다.
중요한 것은 그러한 난리법석이
'고양이' 때문에 일어났다는 것이다.

남전이 고양이를 집어 들고 말하였다.
"한 마디 말을 내놓을 수 있다면 이 고양이를 베지 않겠다!"

도대체 그대들은 무슨 짓들을 하고 있는 것인가?
고양이 한 마리 때문에 서로 싸움이 나다니,
그대들에게 이 고양이는 무슨 의미인가?
말해 보라! 말해 보라!
말하지 못하면 고양이를 베리라!

그러나 대중은 대답을 하지 못하였다.
이에 남전은 고양이를 두 조각으로 베어 버렸다.

고양이는 우리 마음의 '경계'일 뿐이다.
그대들은 경계에 취해 본분을 잃었다.
본말이 전도되었다.
자신의 본래 모습인 '참나'를 망각하고
고양이라는 '형상'에 취해서 서로 싸우다니
이 무슨 꼴이란 말인가?

고양이를 단칼에 베어 버려야 한다.
마음에서 고양이를 던져 버려야 한다.
고양이를 붙들고 있어서는 안 된다.
남전은 실제로 고양이를 베어 버림으로써
스님들의 마음에서 고양이를 베어 버리고자 하였다.

남전은 이후 조주에게 이 일을 이야기하였다.
그러자 조주는 신고 있던 짚신을 벗어서
머리 위에 이고 나가 버렸다.

남전은 고양이를 벤 이야기를
조주에게 하였다.
조주라면 그 자리에서
어떻게 대답하였겠느냐고 물어본 것이다.

그러자 조주가 짚신을 머리에 신고 나가 버렸다.
조주가 발에 신어야 할 짚신을

머리에 신고 나간 것은,
남전의 행위가 본말이 전도되었다는 것을 지적한 것이다.

베려면 고양이라는 형상에 집착하여 서로 싸운
대중의 마음을 벨 일이지,
왜 애꿎은 고양이를 붙들고
시비하는가 하는 반문이다.
남전이여, 정작 '고양이'라는 형상에
집착하고 있는 이는 그대 남전이 아닌가?

남전이 말하였다.
"그대가 그 자리에 있었다면
고양이를 살릴 수 있었을 텐데."

조주의 답변은 남전이 원하던
바로 그 답변이었다.
언제 어디서나 형상에 집착하지 말라!
형상을 초월하여 존재하는
자신의 본래 모습을 놓치지 말라!

언제 어디서나
자신을 잃어버리는 일이 없으며,
본말이 전도되는 일이 없는
조주처럼 말이다!

2

앙산, 생각하는 그대는 누구인가

앙산仰山*이 한 스님에게 물었다.
"그대는 고향이 어디인가?"
스님이 대답하였다.
"유주 사람입니다."

앙산이 물었다.
"그대는 그곳을 생각하고 있는가?"
스님이 대답하였다.
"늘 생각하고 있습니다."

앙산이 물었다.
"능히 생각할 수 있는 것은 '마음'이며,
생각되어진 대상은 '경계'이다.
그대가 떠올리는 경계 안에는 산·하천과 대지가 있고,
누각과 전각, 사람과 가축 등의 물건이 있을 것이다.

● 앙산혜적仰山慧寂(807~883) : 광동성 소주韶州 출신으로 위산영우潙山靈祐의 법을 계승하였으며 위산과 함께 위앙종潙仰宗의 개조가 되었다.

자, 이때 이것들을 생각하는 '그 마음'을 돌이켜 보라!
그 자리에 이러한 여러 가지 것들이 있는가?"
스님이 대답하였다.
"제가 그 자리에 도달하면 어떠한 것도 볼 수가 없습니다."

앙산이 말하였다.
"그러한 경지는 '확신의 자리'(信位)에서는 옳으나,
'사람의 자리'(人位)에서는 옳지 않다."

스님이 물었다.
"스님, 그렇다면 별도의 가르침이 있는 것 아닙니까?"
앙산이 대답하였다.
"별도의 가르침이 있다고 해도 없다고 해도
모두 '중도'에서 벗어난 것이다.
그대가 스스로 깨달은 자리만을 의지하라!
단지 하나의 현묘함을 얻었다면,
가사를 걸치고 좌선하고 앉아서 그 뒤를 스스로 살펴보라."

擧 仰山問僧 甚處人 僧云 幽州人 山云 汝思彼中麼 僧云 常思 山云
能思是心 所思是境 彼中山河大地 樓臺殿閣 人畜等物 反思思底心
還有許多般麼 僧云 某甲到這裏總不見有 山云 信位卽是 人位未是
僧云 和尙莫別有指示否 山云 別有別無 卽不中 據汝見處 只得一玄
得坐披衣 向後自看
(종용록)

앙산이 한 스님에게 물었다.
"그대는 고향이 어디인가?"
스님이 대답하였다.
"유주 사람입니다."

앙산이 어느 스님에게 물었다.
그대는 태어난 '고향'이 어디인가?
그대는 그대의 고향을 알고 있는가?
그대의 고향은 현상계에 존재하는가?
아니면 시공을 초월한 절대계에 존재하는가?

그 스님은 앙산의 질문을 간파하지 못한다.
저는 유주 땅 출신입니다.
앙산은 시공을 초월하여 존재하는 불변의 고향인
'참나'에 대해 물었으나,
그 스님은 시간과 공간의 제약을 받는
육신의 고향, 에고의 고향에 대해 대답하였다.

앙산이 물었다.
"그대는 그곳을 생각하고 있는가?"
스님이 대답하였다.
"늘 생각하고 있습니다."

그대를 순순히 놓아줄 수는 없다.

그대로 하여금 그대의 참된 고향을 깨닫게 해 주리라.
그대는 지금 그곳 유주를 생각할 수 있는가?
유주를 생생하게 떠올릴 수 있는가?

앙산이여, 그것은 너무나 당연하지 않습니까?
어떻게 그곳을 잊을 수 있겠습니까?
항상 그곳을 생각하고 있으며,
항상 그곳을 떠올릴 수 있습니다.
마치 엊그제 고향을 떠나온 것처럼,
고향의 산천이 눈앞에 생생하게 펼쳐집니다.

앙산이 물었다.
"능히 생각할 수 있는 것은 '마음'이며,
생각되어진 대상은 '경계'이다.
그대가 떠올리는 경계 안에는 산·하천과 대지가 있고,
누각과 전각, 사람과 가축 등의 물건이 있을 것이다.

그 스님에게 참된 고향을 가르쳐 주고자
앙산의 가르침이 펼쳐진다.
그대가 떠올리는 고향의 이런저런 모습은
바로 '경계' 즉 '마음의 대상'이다.
그리고 그러한 고향의 모습을 떠올리는
인식의 주체는 '마음'이다.

이 마음은 우리가 찾는 우리의 고향인
순수한 자아인 '참나'가 아니다.
'고향'이라는 형상에 취해 있는
제약된 자아인 '에고'일 뿐이다.

'나'라는 놈은 참으로 신묘하다.
일체의 형상에 물들지 않고
그냥 그대로 순수하게 머물면 '참나'로 존재하나,
하나의 형상에 집착하는 순간,
시공의 제약을 스스로 뒤집어쓰고
제약된 자아, 오염된 자아인 '에고'로 변화한다.

자, 대답해보라.
고향을 떠올리고
고향을 그리워하는
그대는 참나인가?
에고인가?

그대는 고향이라는 형상에 집착하는
'에고'의 마음으로,
고향이라는 형상, 즉 '경계'를
바라보고 음미하고 있다.

이것이 그대가 고향을 떠올릴 때

그대의 내면에서 벌어지는 일이다.
그대가 집착하는 '고향'이라는 대상은
그대의 본래 고향인 '참나' 자리가 아니다.
그곳은 그대의 마음에 떠오른 '형상'일 뿐이다.
그대는 이 사실을 직시해야 한다.
그래야 그대의 진정한 고향을 되찾을 수 있다.

자, 이때 이것들을 생각하는 그 마음을 돌이켜 보라!
그 자리에 이러한 여러 가지 것들이 있는가?"
스님이 대답하였다.
"제가 그 자리에 도달하면 어떠한 것도 볼 수가 없습니다."

자, 이제는 질적인 도약을 할 때이다.
시공의 제약을 받는 '에고'를 초월하여
영원불멸의 고향인 '참나'를 되찾을 때이다.

형상에 물들면 '에고'이며,
형상을 초월하면 '참나'이다.
에고와 참나는 본래 둘이 아니다.
동일한 '한마음'일 뿐이다.

에고가 한 생각 돌이키면 참나가 되며,
참나가 형상에 매몰되면 에고가 된다.
참나는 '형상에 물들지 않은 순수한 알아차림'이며,

에고는 '형상에 오염된 제약된 알아차림'일 뿐이다.
그러나 둘 다 '알아차림'이라는 점에서는 동일하다.

이러한 원리를 이해했다면
참나에 이르는 방법은 간단하다.
'고향'이라는 마음의 형상을 내려놓고,
고향을 알아차리던 그 '마음'만 주시하면 된다.
그 '마음'만을 바라보고 느끼면 된다.

고향이라는 형상에 집착한 채로
알아차리는 자는 '에고'이나,
형상을 초월하여 순수하게 알아차리기만 하는 자는
'참나'일 것이니 말이다.

형상에 집착하려는 마음이 일어나면
가볍게 "모른다!"라고 선언하라.
그리고 오직 고향이라는 형상을 떠올리던 주체인
'마음'만을 바라보라.
오직 바라보는 자로 존재하라!
마음에 떠오르는 형상은 무시하라.

점차 생각이 사라질 것이다.
점차 형상이 사라질 것이다.
그대는 고향이라는 형상을 알아차리던 '에고'에서

순수한 알아차림인 '참나'로 탈바꿈하게 될 것이다.

'형상'과 '에고'는 한 쌍으로 존재한다.
바라봄의 대상인 형상이 없이는 에고도 존재할 수 없으며,
시공에 제약된 자아인 에고가 없이는 형상도 존재할 수 없다.
형상이 없이는 에고가 존재할 수 없으며,
에고가 없이는 형상이 모습을 드러낼 수가 없다.

따라서 우리가 형상을 내려놓고
바라보는 자로만 존재할 때,
'형상'은 점차 의미를 잃게 될 것이며
'에고'도 그 존재를 상실하게 될 것이다.

시간과 공간, 주관과 객관이 없는
에고는 존재할 수 없다.
태어난 적이 없고 나와 남을 구분할 수 없는
에고가 과연 존재할 수 있겠는가?

마음속에서 일체의 형상이 사라지고
오직 알아차리는 자로만 존재할 때,
내면에서 질적 변화가 일어나게 될 것이다.
바로 그때 세상을 초월한 평화와 고요가 찾아올 것이다.

그 자리에는 어떠한 형상도 존재하지 않는다.

그래서 늘 텅 빈 자리이다!
그러니 그 자리에서는 아무것도 볼 수가 없다.
드디어 그 스님은 고향을 찾게 되었다!
내면의 순수한 자아인
육체의 고향을 떠올리던 그 마음을 돌이켜
불변의 고향을 되찾게 된 것이다.

앙산이 말하였다.
"그러한 경지는 '확신의 자리'(信位)에서는 옳으나,
'사람의 자리'(人位)에서는 옳지 않다."

옳다. 그대는 그대의 본래 고향을 되찾았다.
그대는 그대가 그토록 찾아 헤매던
'참나'를 되찾게 된 것이다.
그러나 이것이 끝은 아니다.
그대는 이제 겨우 면허증을 받았을 뿐이다.
그대는 능숙한 운전사가 아니다.

아직 갈 길이 멀다.
그대 내면에 현존하는 부처의 종자인
'참나'는 깨우쳤으나,
참나의 '무한한 지혜와 자비와 능력'이
모두 그대의 것이 된 것은 아니다.

그대는 '참나'의 현존을 직접 체험하여,
그대 내면의 부처 자리인
참나의 존재에 대해 다시는 의심하지 않게 된
'확신의 자리'(信位)에는 도달했다.

그러나 그대의 업장이 아직 정화되지 않았다.
업장이 모두 정화되어야만,
참나는 가리는 바 없이
있는 그대로 현상계에 나타나게 된다.

참나를 가리는 에고가 투명해지면,
에고와 참나는 하나가 되어 작용하게 될 것이다.
에고는 항상 참나와 동일하게
판단하고 행동할 것이다.

그대는 아직 그러한 경지가 아니다.
모든 업장이 두루 정화되어
참나의 '지혜와 자비와 능력'을 자유로이 구사할 수 있는,
그대의 에고가 참나와 하나 되어 작용하는
'사람의 자리'(人位)에는 도달하지 못한 것이다.

스님이 물었다.
"스님, 그렇다면 별도의 가르침이 있는 것 아닙니까?"
앙산이 대답하였다.

"별도의 가르침이 있다고 해도 없다고 해도
모두 '중도'에서 벗어난 것이다.
그대가 스스로 깨달은 자리만을 의지하라!
단지 하나의 현묘함을 얻었다면,
가사를 걸치고 좌선하고 앉아서 그 뒤를 스스로 살펴보라."

이 조선 땅의 위대한 선사이신
경허鏡虛 선사도 다음과 같이 설파하신 적이 있다.

"단박에 깨달아 내 본성이 부처님과 동일한 줄은 알았으나
수많은 생애를 살면서 익힌 습기는 오히려 생생하구나.
바람은 고요해졌으나 파도는 여전히 솟구치듯
이치는 훤히 드러났으나 망상이 여전히 일어나는구나."
頓悟雖同佛 多生習氣生
風靜波尙涌 理顯念猶侵

우리의 '참나'는 '닦음'과 '닦지 않음'이라는
형상을 초월하여 본래 부처와 동일한 자리이다.
그러나 우리의 '업장'은 부처의 그것과는 다르다.

부처님처럼 지혜와 자비와 능력을
자유자재로 구사하기 위해서는

● 윤홍식, 『한국 큰스님에게 배우는 禪의 지혜』(봉황동래, 2015), 290~295쪽 참조.

참나가 지닌 무한한 공덕을
이곳 현상계에서 하나하나 실천하고 닦아야만 한다.

그러나 현상계에서 무한하게
닦고 펼쳐 낼 모든 공덕들은,
본래 닦음을 초월하여 존재하는 '참나'의 발현일 뿐이다.
참나에 존재하지 않는 선한 공덕이라는 것이
어떻게 존재할 수 있겠는가?

그러니 부지런히 닦되
닦는다는 '형상'에 집착해서는 안 된다.
닦는다는 '형상'에 집착한 닦음이 아닌,
부지런히 닦되
'닦음'이라는 형상에 집착하지 않는 닦음,
이것이야말로 참나를 깨친 자가 걸어야 할 길이다.

별도의 방법이 있다고 하면
닦음을 초월하여 존재하는 참나 자리에 맞지 않으며,
별도의 방법이 없다고 하면
시간과 공간 안에서의 부지런한 닦음에 저촉이 된다.

그러니 형상을 초월하여 존재하는
텅 빈 마음, 모르는 마음을 바탕으로
매 순간 참나를 놓치지 않고 살면서,

상황에 맞는 참나의 지혜와 자비와 능력을
끊임없이 드러내고 실천해야 한다.

『수심결』에서는 이러한 참된 닦음의 길에 대하여
다음과 같이 말하고 있다.●

"비록 뒤에 닦는다고는 하지만
이미 망념이 본래 텅 비었으며,
마음의 본성이 본래 청정한 것임을 '돈오頓悟'하였으니,

악惡을 끊되
끊어도 끊는 바가 없으며,
선善을 닦되 닦아도 닦은 바가 없는 것이다.
이것이야말로 '참다운 닦음'이며 '참다운 끊음'이다."

이것이야말로 '닦음 없는 닦음'이다.
이것이 자신이 깨달은 바를 굳게 믿고 나아가는
참나를 깨친 도인의 길이다.
하되 함이 없는 무위無爲의 길이다.

●윤홍식,『윤홍식의 수심결 강의』(봉황동래, 2019), 293~307쪽 참조.

3

위산, 이것은 무엇인가

위산潙山*이 앙산仰山에게 물었다.
"한 사람이 있어서 '일체 중생에게 업식이 아득하나,
본래 업식이 붙을 자리가 없다'는 것에 대해서 물어본다면,
그대는 어떻게 이를 증명해 보이겠는가?"

앙산이 대답하였다.
"만약 그런 스님이 있다면
제가 '아무개야!'라고 부를 것입니다.
그리고 그 스님이 고개를 돌린다면
'이것은 무엇인가?'라고 물어볼 것입니다.

그가 우물쭈물하는 것을 기다려
그를 향해 '업식이 아득할 뿐만 아니라,
본래 업식이 붙을 자리도 없구나'라고 말해 주겠습니다."

● 위산영우潙山靈祐(771~853) : 복건성 복주福州 출신으로 백장회해百丈懷海의 법을 계승하였으며 제자인 앙산과 함께 위앙종潙仰宗의 개조가 되었다.

위산이 말하였다.
"훌륭하구나!"

擧 潙山問仰山 忽有人 問一切衆生 但有業識茫茫無本可據 子作麼生驗 仰云 若有僧來卽召云某甲 僧廻首乃云是甚麼 待伊擬議 向道非唯業識茫茫 亦乃無本可據 潙云 善哉

(종용록)

위산이 앙산에게 물었다.
"한 사람이 있어서 '일체 중생에게 업식이 아득하나,
본래 업식이 붙을 자리가 없다'는 것에 대해서 물어본다면,
그대는 어떻게 이를 증명해 보이겠는가?"

위산은 그의 제자 앙산의 공부를 점검할 요량으로
참으로 풀기 어려운 난제를 제시한다.

앙산이여, 그대는 참나의 빛을 가리는
중생의 어두운 업식이 끝없이 아득하다는 것을
어떻게 증명해 보이겠는가?
또한 그러한 아득한 어두움이
본래 존재할 수 없다는 것을 어떻게 증명해 보이겠는가?
자, 어서 대답해 보라!

앙산이 대답하였다.
"만약 그런 스님이 있다면
제가 '아무개야!'라고 부를 것입니다.
그리고 그 스님이 고개를 돌린다면
'이것은 무엇인가?'라고 물어볼 것입니다.

위산이여,
어려울 것이 없습니다.
무엇이 어렵겠습니까?

먼저 그러한 질문을 한 스님이 있다면
저는 그에게 "아무개야?"라고 이름을 부를 것입니다.
제가 이름을 부르면 그는 틀림없이 돌아볼 것입니다.
그러면 저는 그에게 물을 것입니다.
"내가 그대를 부르는 것을 알아차리고
그대를 돌아보게 한 그 자리는 무엇인가?"

스승이여, 그가 아무리 다른 곳에 정신을 팔고 있더라도
제가 부르는 소리를 들으면,
생각을 일으켜 대답하기도 전에
즉각 제가 부른다는 사실을 명확히 알아차릴 것입니다.

생각을 일으키기 전에
부르는 소리를 듣고 알아차리는 바로 그 자리가
우리의 '참나' 자리입니다.
그 자리에는 어떠한 '생각의 흔적'이 없습니다.
그냥 순수하게 알아차릴 뿐입니다.

스승이여, 그 자리에는 '생각과 개념'이 존재하지 않습니다.
그러나 '알아차림'은 선명히 존재합니다.
그러한 텅 빈 알아차림의 자리에
어떻게 '업식'이 존재하겠습니까?
어떻게 '어두움'이 존재하겠습니까?

그가 우물쭈물하는 것을 기다려
그를 향해 '업식이 아득할 뿐만 아니라,
본래 업식이 붙을 자리도 없구나'라고 말해 주겠습니다."
위산이 말하였다.
"훌륭하구나!"

그러나 그는 곧장 '생각'을 일으켜 거기에 매몰될 것입니다.
그래서 저의 대답에 혼란스러워하면서
온갖 개념들을 불러내 스스로 함정에 빠질 것입니다.
잠깐이나마 그의 내면에 드러났던
'선명한 알아차림'은 사라질 것이며
그는 곧장 어두움에 빠지게 될 것입니다.

그러면 저는 그를 향해 말하겠습니다.
그대는 지금 '참나'를 놓치고
'개념'에 빠져 그대의 본래 모습을 잊어버렸다.
참나를 가리는 어두운 마음인
'업식'이 아득하지 않았다면,
어떻게 그대의 마음이 이토록 철저하게
어두워질 수 있었겠는가?
이것이 업식이 아득하다는 증거이다.

그러나 내가 그대를 부르면 그대는 곧장 알아차린다.
생각을 일으키기 이전에

개념을 떠올리기 이전에
그대는 나의 부르는 소리를 알아차린다.

그 자리를 기억해 보라!
모든 생각과 개념을 내려놓고
그 상태로 존재해 보라.
그냥 알아차리는 자로 존재하라!

그 자리에는 어떠한 생각도 존재하지 못한다.
그 자리에는 어떠한 개념도 존재하지 못한다.
그런 그 자리에 어떻게 참나를 가리는 어두운 마음인
업식이 존재할 수 있겠는가?
이것이 업식이 본래 붙을 근거가 없다는 것의 증거이다.

저는 이렇게 그에게 증명해 보이겠습니다.
스승이여, 어떻습니까?

앙산이여, 그대의 답변은
참으로 훌륭하다!
내가 무엇을 더 보탤 수 있겠는가?
이렇게 앙산은 위산이 제시한 난제를
명쾌하게 풀어내었다.

앙산의 가르침을 잊어버리지 말라.

자신을 부르는 소리를 알아차리는 자는 누구인가?
소리를 듣는 '나'는 누구인가?
마음을 모아 소리를 들어보라.
그리고 소리를 듣고 알아차리는 '나'를 알아차려 보라.

너무도 간단한 일이다.
하지만 이 간단한 인식의 전환에서
너무도 놀라운 변화가 시작될 것이다.
그 자리에 신명을 던져 보라.

소리를 듣고 생각을 일으켜 대답하기 직전의
그 생생한 의식의 공간을 느껴 보라.
스스로가 스스로를 불러 보아도 좋다.
자신의 이름을 스스로 불러 보라.
자신을 부르는 소리를 또렷이 듣고 있는 '그 자리'는 무엇인가?

아직 생각을 일으키기 이전에
자신을 부르는 소리를 또렷이 듣고 느끼는
한 점으로 집중된 그 의식은 무엇인가?
오로지 그 의식으로 존재해 보라!
그 자리야말로 우리가 그토록 찾아 헤매던
'참나'의 자리이다.

4

중읍,
원숭아 내가 너와 만나는구나

앙산(仰山)이 중읍(中邑)에게 물었다.
"어떤 것이 불성의 참뜻입니까?"

중읍이 대답하였다.
"내가 그대를 위하여 비유를 들어서 설명해 주겠다.
예를 들어 창문이 6개인 방에
원숭이 한 마리가 앉아 있다고 하자.
밖에서 사람이 '원숭아!'라고 부르면
원숭이가 즉각 대답을 할 것이다.

이와 같이 6개의 창문 전체를 통해 부르면
전체를 통해 대답하는 것이 바로 불성이다."

앙산이 물었다.
"만약 원숭이가 잠자고 있으면 어떻게 해야 합니까?"
중읍이 선상에서 내려와 그를 움켜잡고 말하였다.

● 중읍홍은(中邑洪恩)(? ~ ?) : 마조도일(馬祖道一)의 법을 계승하였다.

"원숭아, 내가 너와 서로 만나는구나!"

仰山問中邑 如何是佛性義 邑云 我與爾說箇譬喩 如室有六窓中 安一獼猴 外有人喚云狌狌 獼猴卽應 如是六窓俱喚俱應 仰云 只如獼猴睡時 又作麽生 邑乃下禪床把住云 狌狌我與爾相見

(종용록)

앙산이 중읍에게 물었다.
"어떤 것이 불성의 참뜻입니까?"

앙산은 중읍에게 묻는다.
중읍이여, 도대체 '불성佛性' 즉
우리 내면의 '부처 자리'란 어떻게 생긴 자리이며,
어떠한 특징을 지닌 자리입니까?

중읍이 대답하였다.
"내가 그대를 위하여 비유를 들어서 설명해 주겠다.
예를 들어 창문이 6개인 방에
원숭이 한 마리가 앉아 있다고 하자.
밖에서 사람이 '원숭아!'라고 부르면
원숭이가 즉각 대답을 할 것이다.

앙산이여, 그 자리는
상하·전후·좌우 6방향으로
6개의 창문이 난 방안에 존재하는
한 마리 '원숭이'와 같다.

여기서 '6개의 창문'이란
우리 존재의 '5가지 감각'과 '마음'(6식)을 상징한다.
즉 시각과 청각, 후각과 미각,
촉각과 마음(생각·감정)을 나타낸다.

우리의 존재는 이 5가지 감각과 마음(6식)으로
이루어져 있다.
우리가 아는 일체의 세계란 것도
이 6가지 인식기관에 받아들여진 정보의 조합일 뿐이다.

일체의 현상계와 우리의 존재를
이루는 이 5가지 감각과 마음을 초월하여
그 내면에 늘 존재하는 한 마리의 '원숭이',
이것이 우리의 '불성'이다.

5가지 감각과 마음은
한 순간도 멈추지 않고 늘 오고 간다.
생각과 감정도 일어났다가 곧장 사라지며
보고 듣는 오감도 왔다가 다시 가버리고 만다.
영원한 우리의 소유물은 하나도 없다.
그러나 우리 내면에는
영원히 변치 않는 '한 자리'가 있다.

생각이 일어나고 사라지는 것을 알아차리는 그 자리,
감정이 오고 가는 것을 알아차리는 그 자리,
오감이 왔다가 가는 것을 알아차리는 바로 그 자리,
그 자리는 5가지 감각과 마음을 초월하여
언제나 사라지는 법이 없다.

생시면 생시인 줄 알아차리는 그 자리,
꿈을 꾸면 꿈을 꾸는 줄 알아차리는 그 자리,
잠이 들면 잠을 자는 줄 알아차리는 바로 그 자리,
그 자리는 생시와 꿈과 잠을 초월하여
언제나 사라지는 법이 없다.

5가지 감각과 마음을
초월하여 항상 깨어있으면서,
생각과 감정과 오감의 오고 감을
늘 알아차리는 바로 그 자리가
그대가 찾는 '불성' 자리이다!

이와 같이 6개의 창문 전체를 통해 부르면
전체를 통해 대답하는 것이 바로 불성이다."

6개의 창문이 난 방안에 존재하는
늘 깨어있는 '원숭이'가 바로 그대의 부처 자리이다.
그대의 부처 자리는 잠이 드는 법이 없다.
그대가 아무리 깊은 잠에 들었더라도
사람이 부르면 깨어나는 것은
그 자리가 잠들지 않았기 때문이다.

창문은 비록 6개이나
방 안의 원숭이는 한 마리일 뿐이다.

그러니 6개의 창문 어디로 그를 부르더라도,
일단 그가 대답을 하게 되면
6개 창문 전체를 통해
그의 대답이 울려 퍼지게 된다.

그대 안에서 생각과 감정이 일어나는 것은
원숭이가 '마음의 창'을 통해 화답한 것이며,
그대가 사물을 볼 수 있는 것은
원숭이가 '시각의 창'을 통해 화답한 것이며,
그대가 촉감을 느낄 수 있는 것은
원숭이가 '촉각의 창'을 통해 화답한 것이다.

6개의 창을 통해 원숭이를 부르면
원숭이는 6개의 창을 통해 우리에게 대답한다.
그대가 5가지 감각과 마음(6식)을 자유로이 부릴 수 있는 것은
그대 내면에 '불성'이 있기 때문이다.

그대가 보고 듣고 울고 웃고
생각할 수 있는 것 자체가,
불성이 존재한다는 생생한 증거이다!
앙산이여, 이 말을 이해하겠는가?

앙산이 물었다.
"만약 원숭이가 잠자고 있으면 어떻게 해야 합니까?"

중읍이여, 그대의 말씀은 아주 훌륭합니다.
그런데 만약 원숭이가 잠들어 있으면 어떡합니까?
원숭이가 깨어있지 못하다면
6개의 창문이 있어도 소용이 없지 않겠습니까?
원숭이가 잠들어 있다면
어떻게 해야 볼 수 있습니까?

중읍이 선상에서 내려와 그를 움켜잡고 말하였다.
"원숭아, 내가 너와 서로 만나는구나!"

말로는 도저히 앙산을 설복시킬 수 없다.
앙산이 '참나'도 잠이 드는 것이 아닌지 의심하고 있다.
앙산은 개념의 놀음에 빠져 있다.
직접적인 체험이 아니고서는
앙산의 꼬리를 무는 생각이 멈춰지지 않을 것이다.

중읍은 곧장 행동에 옮겼다.
앙산에게 곧장 원숭이를 보여 주리라.
원숭이는 잠드는 법이 없다는 것을 보여 주리라.
중읍은 앙산을 사정없이 꽉 움켜잡았다!

이것이 대답의 전부이다.
자, 보라!
내가 그대를 사정없이 움켜잡았기에

그대는 다른 생각을 할 겨를이 없을 것이다.
그대의 정신은 오직 이곳에 한 점으로 모였을 것이다.

지금 이 순간, 그대는 순간적으로 생각을 멈추고
그대가 처한 이 상황만을
예리하게 알아차리고 있다.
생각과 개념을 초월하여 오직 알아차리고 있을 뿐이다.

생각을 초월하여 알아차리는 자리,
바로 그 자리가 바로 그대의 '원숭이' 자리이다.
그대 내면의 원숭이를 직시하라!
그 자리는 생각이 일어나고 사라지는 것을 초월하여 존재한다.

생각이 일어나면 일어나는 것을 알아차리며,
생각이 사라지면 사라지는 것을 알아차린다.
오감도 마찬가지이며
감정도 마찬가지이다.
그대의 원숭이는 사라지는 법이 없다.

그대의 원숭이는 그대 존재의 중심이다.
그 자리를 놓치지 말라.
원숭이가 잠에 드는지 잠에 들지 않는지,
그대 스스로 살펴보라.
그대의 원숭이를 놓치지 말고 살펴보라.

5

동산, 추위와 더위가 없는 곳

한 스님이 동산洞山에게 물었다.
"추위와 더위가 닥쳤을 때는 어떻게 피해야 합니까?"
동산이 대답하였다.
"왜 추위와 더위가 없는 자리로 가지 않는가?"

스님이 물었다.
"추위와 더위가 없는 자리는 어디입니까?"
동산이 대답하였다.
"추울 때 추위가 그대를 죽이는 곳이고,
더울 때 더위가 그대를 죽이는 곳이지!"

擧 僧問洞山 寒暑到來如何廻避 山云 何不向無寒暑處去 僧云 如何是無寒暑處 山云 寒時寒殺闍黎 熱時熱殺闍黎

(벽암록)

한 스님이 동산에게 물었다.
"추위와 더위가 닥쳤을 때는 어떻게 피해야 합니까?"

동산이여, 그대는 위대한 도인입니다.
그대는 춥고 더움이라는 '형상'을 초월하여
늘 광명하게 빛나는 '불성'을 깨달은 존재이십니다.

그렇다면 그대에게는 춥고 더움이라는,
우리를 힘들게 하는 역경을 피하는 비법이 있을 것입니다.
자, 이제 그 방법을 가르쳐 주십시오.
추위와 더위라는 형상은 어떻게 해야 피할 수 있습니까?

동산이 대답하였다.
"왜 추위와 더위가 없는 자리로 가지 않는가?"

추위와 더위가 없는 자리로 가라!
'추위'도 하나의 형상일 뿐이고
'더위'도 하나의 형상일 뿐이다.
그대는 곧장 추위·더위를 초월하여 존재하는
영원불멸의 '참나'의 자리로 가라!

스님이 물었다.
"추위와 더위가 없는 자리는 어디입니까?"

스님은 답답할 뿐이다.
그러니까 도대체 어떻게 하란 말인가?
추위와 더위를 초월한 자리는
도대체 어디에 존재하는 것인가?
어디로 가야 그러한 극락의 경지에 이를 수 있는가?

동산이 대답하였다.
"추울 때 추위가 그대를 죽이는 곳이고,
더울 때 더위가 그대를 죽이는 곳이지!"

전혀 어려울 게 없다.
그대는 추울 때 "추위 죽겠다!"라고 외친다.
반대로 더울 때 "더위 죽겠다!"라고 외친다.
추위 죽겠다고 하는 그 자리는 춥지 않다.
더위 죽겠다고 하는 그 자리는 덥지 않다.
그 자리를 곧장 주시하라.

그대가 "추위 죽겠다!"라고 소리칠 때,
그대는 '추위'라는 형상에 집착한다.
추위라는 형상과 그대를 동일시한다.
그러나 '추위'라는 형상을 '알아차리는 자'는 춥지 않다.

그대가 "더위 죽겠다!"라고 소리칠 때,
그대는 '더위'라는 형상에 집착한다.

더위라는 형상과 그대를 동일시한다.
그러나 '더위'라는 형상을 '알아차리는 자'는 덥지 않다.

그대는 '형상'이 아니다.
그대는 추위와 더위가 오고 가는 것을
알아차리는 '순수한 알아차림'일 뿐이다.
'추위'와 '더위'라는 형상을 내려놓고
그것들을 '알아차리는 자'로 존재하라!

이것이 그대가 취해야 할 전부이다.
달리 무엇이 있겠는가?
이것이 진정으로 추위와 더위를 피하는 비법이다.

6

마조, 백장과 들오리를 보다

마조馬祖● 대사가 백장百丈과 함께 걷다가
날아가는 들오리를 보았다.

마조가 물었다.
"이것은 무엇이냐?"
백장이 말하였다.
"들오리입니다."

마 대사가 말하였다.
"어디로 가는가?"
백장이 말하였다.
"날아가 버렸습니다."

대사가 백장의 코끝을 손으로 꼬집었다.
백장이 아픔을 참다가 소리를 질렀다.

● 마조도일馬祖道─(709~788) : 5조 홍인弘忍의 또 다른 법맥인 정중종淨衆宗(남종·북종과 구별)의 개창자인, 정중무상淨衆無相(신라 왕자 출신)의 법을 계승하였으며, 그가 이룬 홍주종洪州宗은 후에 임제종臨濟宗으로 발전하였다.

마 대사가 말하였다.
"언제 날아갔다는 것이냐?"

擧 馬大師與百丈行次 見野鴨子飛過 大師云 是什麽 丈云 野鴨子 大師云 什麽處去也 丈云 飛過去也 大師遂扭百丈鼻頭 丈作忍痛聲 大師云 何曾飛去

(벽암록)

마조 대사가 백장과 함께 걷다가
날아가는 들오리를 보았다.
마조가 물었다.
"이것은 무엇이냐?"
백장이 말하였다.
"들오리입니다."

마조는 '들오리'를 대상으로 삼아
백장의 깨달음을 시험하려고 한다.
만약 백장이 만법에 독자적 실체가 있다는
'법집法執'(만법에 대한 집착)에 빠져,
들오리를 '참나의 나툼'으로 보지 못한다면
시험에 떨어지는 것이며,

'법공法空'(만법은 참나의 나툼)을 깨달아,
들오리라는 '형상'을 바라보되
들오리의 '본질'이 '참나의 나툼'임을 꿰뚫어 본다면,
시험에 통과하는 것이다.

자, '이것'은 무엇인가?
그런데 개가 뼈다귀에 집착하듯이
백장이 '형상'에 집착한다.
자신의 중심을 놓친 채로
형상에 취하여 '들오리'만 들여다보고 있다.

그의 마음은 들오리로 가득할 뿐이다.

일체의 현상은 모두 '참나의 나툼'이니,
눈앞의 들오리 또한 그대 참나의 나툼일 뿐이다.
순수하게 '알아차리는 자'인 참나가 없이
어찌 그대 눈앞에 들오리가 존재할 수 있겠는가?

마 대사가 말하였다.
"어디로 가는가?"
백장이 말하였다.
"날아가 버렸습니다."

마대사가 백장을 한 번 더 공격한다.
백장이여, 그대는 아무래도
'형상'에 취하여
'들오리의 본질'을 놓쳐 버렸고,
'그대의 참나'도 놓쳐 버린 것 같다.

그대에게 다시 한번 묻노라.
혹시 그것이 어디론가 가던가?
자, 답해 보라!
그대가 형상에 취해 있는지 여부가
확연히 드러나리라.

백장은 그것이 "날아가 버렸다."라고 답한다.
어이쿠, 백장은 '형상'에 푹 빠져 있다.
병이 너무 깊다.
빠져나오기 힘들다.

날아가다니,
'들오리'는 본래 '참나의 나툼'이다!
'참나'가 어디로 간다는 말인가?
시간도 공간도 주관도 객관도 없는
그 자리가 어디로 날아가겠는가?

대사가 백장의 코끝을 손으로 꼬집었다.
백장이 아픔을 참다가 소리를 질렀다.
마 대사가 말하였다.
"언제 날아갔다는 것이냐?"

도저히 답이 없다.
마조는 비상수단을 동원한다.
백장의 코를 사정없이 꼬집었다.

고통을 느끼고
소리를 지르는 '그 자리'는 무엇인가?
고통을 알아차리는 그 자리야말로
들오리를 나투던 바로 그 자리가 아닌가?

날아가 버렸다던 그 자리가
왜 여기 있는가?

백장이여, 그대의 '참나'는 날아간 적이 없다.
그대의 '순수한 알아차림'은 항상 그 자리에 있었다.
그 자리는 단 한 순간도
그대를 떠난 적이 없다.
그 자리를 놓치지 말라!

어떠한 '형상'을 바라보고 느끼더라도
형상을 바라보는 그대의 '순수한 알아차림'을
절대로 놓치지 말라!
그리고 알아차려지는 일체의 형상을
'참나의 나툼'으로 보라!

순수한 알아차림의 자리인
'참나'를 놓치지 않은 채로
바라보는 들오리는 '참나의 나툼'이 되나,
자신을 놓치고 바라보는 들오리는
'참나의 장막'이 된다.

7

조산,
청원 백가주를 3잔이나 마신 그대

조산曹山 화상에게 한 스님이 와서 물었다.
"청세가 몹시 외롭고 가난합니다.
청컨대 스승님께서 저를 좀 구제해 주십시오."

조산이 말하였다.
"청세야!"
청세가 대답하였다.

조산이 말하였다.
"청원 땅에서 나는 백가네 술을 3잔이나 마셔 놓고,
아직 입술도 적신 적이 없다고 말하는 것인가?"

曹山和尚 因僧問云 淸稅孤貧 乞師賑濟 山云 稅闍梨 稅應諾 山曰 靑
原白家酒 三盞喫了 猶道未沾脣
(무문관)

● 조산본적曹山本寂(840~901) : 동산양개洞山良价의 법을 계승하였으며 동산과 함께 조동종의 개조가 되었다.

조산 화상에게 한 스님이 와서 물었다.
"청세가 몹시 외롭고 가난합니다.
청컨대 스승님께서 저를 좀 구제해 주십시오."

'청세'라는 이름을 가진 한 스님이
조산에게 가르침을 구하고 있다.
스승이여, 저를 구원해 주십시오.
제가 불성을 찾을 수 있도록 도와주십시오.
저는 아무래도 불성이 없는 것 같습니다.
불성이 저를 떠나 버린 것 같습니다.

그는 자신이 '불성'을 찾지 못하여
몹시 곤궁한 처지에 놓여 있음을 한탄하고 있다.
아무리 수행을 해도 도통 알 수 없는
'불성' 때문에 깊이 안타까워하고 있다.

조산이 말하였다.
"청세야!"
청세가 대답하였다.

조산은 어이가 없다.
그대에게 '불성'이 없다면,
도대체 누가 있어서 괴로움을 느끼며
누가 있어서 나에게 찾아와 하소연을 한다는 말인가?

불성은 다른 것이 아니다.
그대 내면에 존재하는 '순수한 알아차림'일 뿐이다.
그대의 오염되지 않은 '순수한 의식'일 뿐이다.
그대가 밖에서 찾아야 하는 별다른 물건이 아니다.
이미 그대의 소유이다.

조산은 청세에게 묻는다.
"청세야!"
청세가 즉각 대답하였다.
"예!"

청세여, 방금 내가 그대를 부르는 소리를
즉각 알아차린 '그 자리'는 무엇인가?
그 자리는 '생각'이 아니다.
내가 그대를 부르는 소리를 들은 그 자리는
'생각 이전의 알아차림'이다.

내가 그대를 부르자
그대는 즉각 알아차렸다.
누가 나를 부르는지,
어떻게 대답해야 할지를
생각하기 이전에 그냥 알아차렸다.
그 자리야말로 그대 내면에 존재하는
'순수한 알아차림'의 자리가 아니겠는가?

그 자리를 놓치지 말라.
그 자리가 바로 '불성'의 자리이다.
그 자리 외에 다른 자리가 없다.
그 자리가 바로 그대가 그토록 찾는 그 물건이다.

조산의 말처럼
우리 내면에는 단 한 순간도 꺼지지 않는
'알아차림'의 자리가 존재한다.
소리가 들리면 그것을 알아차리고,
색깔이 보이면 그것을 알아차리고,
생각이 일어나면 그것을 알아차리는 바로 그 자리.

그 자리를 주목하라!
그 자리가 그대 존재의 '중심'이다.
중심은 그 존재를 쉽게 드러내지 않는다.
그러나 사실 우리는 그 중심을 떠난 적이 없다.

그 자리를 떠나서는
소리를 알아차릴 수도 없으며,
색깔을 알아차릴 수도 없고,
생각을 알아차릴 수도 없다.

모든 소리와 모든 색깔,
모든 생각은 모두 그 자리에서 일어나고 사라진다.

여백이 없다면 글씨를 쓸 수 없듯이,
모든 형상들은 형상을 초월한 바로 그 자리,
'순수한 알아차림'의 자리에 의해 존재한다.

우리가 보고 듣고 말하고 행동하며
생각하고 울고 웃을 수 있는 것은,
모두 그 자리가 항상 작동하기 때문이다.

조산이 말하였다.
"청원 땅에서 나는 백가네 술을 3잔이나 마셔 놓고,
아직 입술도 적신 적이 없다고 말하는 것인가?"

청세여, 그대가 불성을 찾지 못했다고
한탄할 수 있는 것도,
모두 그 자리가 작동하기 때문에 가능한 것이다.
그 자리가 작동하지 않았다면,
불성을 찾을 수도 없으며
못 찾겠다고 안타까워할 수도 없었을 것이다.

청세여, 그대가 불성을 못 찾겠다고 한탄하는 것은,
청원 땅에서 나는 백씨 집안의 명주를
3잔이나 마셔 흠뻑 취하고도
아직 입술조차 적신 적이 없다고 거짓말을 하는 격이다.

불성을 못 찾겠다는 한탄이 일어나는
'그 자리'를 주시하라!
내가 그대를 불렀을 때 즉각 알아차렸던
'그 자리'를 주시하라!

그리고 그 자리에 머물러라!
그 자리에 머무르며
색깔과 소리와 생각이라는
일체의 '형상'을 초월해 존재하는
'순수한 알아차림'과 하나가 되라!

들리는 소리, 보이는 색깔,
떠오르는 생각을 내려놓고,
오직 '모르는 마음'을 잘 지켜라!
그들을 "모른다!"라고 선언하라!

그대를 괴롭히던 '형상'들이 고요해질수록,
그대 내면의 '순수한 알아차림'은 더욱 선명해질 것이다.
형상에 집착하는 마음인 '에고'가 잠잠해질수록,
그대는 '순수한 알아차림'과 하나가 될 것이다.
이것이 그대에게 전해 줄 수 있는 전부이다.

8

서암, 주인공을 부르다

서암瑞岩 사언師彦● 화상이 매일 자신을 향해 불렀다.
"주인공!"
그리고 스스로 대답하였다.
"응!"

"항상 깨어있어라!"
"예!"
"언제 어디서라도 남들에게 속아서는 안 된다!"
"예, 예!"

瑞岩彦和尙 每日 自喚主人公 復自應諾 乃云 惺惺著 諾 他時異日 莫受人瞞 諾諾

(무문관)

● 서암사언瑞岩師彦(? ~ ?) : 암두전활巖頭全豁의 법을 계승하였다.

서암 화상이 매일 자신을 향해 불렀다.
"주인공!"
그리고 스스로 대답하였다.
"응!"

서암은 우리 내면의 순수한 알아차림의 자리를
'주인공'이라고 불렀다.
왜 서암은 그 자리를 주인공이라고 부른 것일까?
그것은 그 자리가
우리 존재의 중심이기 때문이다.

사실 우리가 일상에서 경험하는
우리의 존재란 것은,
'5가지 감각'과 '마음'(6식)에 의해 만들어지는
각종 '형상'(相)들의 모임일 뿐이다.

보는 것, 듣는 것, 냄새 맡는 것,
맛보는 것, 만져 보는 것, 생각하고 느끼는 것,
이것을 빼면 우리에게는 무엇이 남겠는가?
5가지 감각과 마음에 의해 만들어지는 '형상'들이야말로
부처님께서 말하는 '일체의 현상계'라는 것이다.

그렇다면 일체의 현상계 외에
다른 존재는 정녕 없는 것인가?

그렇지 않다.
일체의 현상계를 초월한 '절대계'가 있다.

그러나 이 자리는 일체의 형상을 초월한 자리이니,
형상에서 찾아서는 안 된다.
그것은 형상이 아니니,
형상을 찾는 마음으로 그것을 찾아서는 발견되지 않는다.

3차원의 세계에서 4차원의 세계를 찾으면
그것이 찾아지겠는가?
차원을 이동해야 한다.
차원을 상승해야 한다.
그래야만 다른 차원을 맛볼 수 있다.
그래야만 절대계를 찾을 수 있다.

일체 형상의 세계의
바탕이 되는 절대계는,
다름 아닌 '순수한 알아차림'이다.
생각과 감정이 일어나고 사라지는 자리,
오감이 일어나고 사라지는 자리를 주목하라!
그 자리가 바로 절대계이다.

생각과 감정, 오감이 사라지고 나면
어떠한 형상이 남겠는가?

모든 형상이 사라지고 남는 그 자리,
그 자리야말로 우리가 찾는 '절대계'가 아니겠는가?

생각을 내려놓아 보라.
오감을 내려놓아 보라.
그리고 존재해 보라.
그리고 살펴보라.
그 자리에는 어떠한 형상도 존재하지 않는다.
그 자리에 존재하는 것은 무엇인가?

그 자리에 존재하는 것은
오직 '존재하는 마음'일 뿐이다.
이 마음은 '모르는 마음'이며
'순수한 알아차림'이다.
그 자리에는 끝없는 깨어있음만이 흐른다.
달리 무엇이 있겠는가?

텅 비되 무한한 충만감을 지닌 바로 그 자리,
이 자리야말로 우리 존재의 중심이 아니겠는가?
모든 존재가 그 자리에 의해 존재하는 것이 아니겠는가?
그러니 그 자리야말로 우리의 '주인공'인 것이다.

생각에 집착하고, 감정에 울고 웃고,
오감에 휘둘리는 '에고'가 주인공이 아니다.

생각을 알아차리고, 감정을 알아차리며,
오감을 알아차리는 '참나'가 주인공이다.
순수한 알아차림만이 끝없이 흐르는
우리의 '순수의식'이 주인공인 것이다.

서암은 이 자리를 늘 잊지 않는다.
그는 매일 자신을 향해 부른다.
"주인공!"
그리고는 스스로 답한다.
"응!"
그가 스스로에게 "주인공!"이라고 불렀을 때,
그의 내면에서는 혁명이 일어난다.
에고가 물러나고 참나가 선명해진다.

그대도 실험해 보라.
마음을 모아서 그대 자신에게
"주인공!"이라고 불러 보라!
그리고 스스로 주인공이 되어
주인공을 부르는 소리를 들어 보라.
자신이 부르고 자신이 듣는 것이다.

마음을 모아서 순수하게 들어 보라.
"주인공!"이라는 소리를 듣는 이는 누구인가?
주인공을 부르는 소리를

순수하게 알아차리는 그 자리는 무엇인가?
그 자리에는 생각이 존재하지 않는다.
그냥 자신을 부르는 소리를 알아차릴 뿐이다.

자신을 부르는 소리를 순수하게 알아차리는
그 자리가 바로 '주인공' 자리이다!
그대는 이미 주인공이 된 것이다.
주인공으로 존재하는 것이다.

그리고 주인공의 마음을 놓치지 않으면서
마음을 모아 대답하라.
"응!"
그냥 건성으로 대답해서는 의미가 없다.
그것은 형상에 취한 '에고의 소리'일 뿐이다.

그러나 생각을 멈추고 소리를 듣는 그 마음,
순수한 알아차림의 마음으로
대답하는 응답은 이미 차원이 다르다.
그것은 '참나의 소리'이다.

주인공을 되찾고
스스로 주인공이 되는 데 있어서,
이보다 더 쉬운 방법이 어디 있겠는가?
언제 어디서나 자신을 불러 보라.

"주인공!"이라고 불러도 좋고,
자신의 '이름'을 불러도 좋으며,
그냥 "나!"라고 불러도 좋다.

중요한 것은 그 소리를 '알아차리는 자리'이다.
그 자리를 주시해야 한다.
그 자리야말로 그대 존재의 중심이니 말이다.
언제 어디서나 그 자리를 놓쳐서는 안 된다.
양분은 나무의 뿌리에 주는 법이다.
그대 존재의 뿌리에 양분을 주어야 한다.
그래야 그대의 존재가 활짝 피어나게 될 것이다.

그대의 주인공을 잊지 않는 것이
그대의 뿌리에 양분을 주는 것이다.
늘 자신의 중심을 놓치지 않는 것,
이것이 그대 자신을 기르는 방법이다.
서암처럼 그대 자신을
매일 매일 길러 주어야 한다.

"항상 깨어있어라!"
"예!"

앞의 문답에서 묻는 이는 에고의 자아였다.
그러나 여기서는 말하는 이가 바뀌었다.

이 미묘한 변화를
스스로 체험할 수 있어야 한다.

주인공을 부르고 답하는
앞의 문답을 통해,
그대의 주인공은 이미 훤히 드러나게 되었다.
에고는 그대의 주인공을 밝게 느끼게 되었다.
이제는 '주인공'의 자격으로
자신의 '에고'에게 명령하는 것이다.

'주인공'은 본래 깨어있는 자리이다.
깨어있지 못한 자리는 이미 주인공이 아니다.
주인공인 이상에는 항상 깨어있다.

그대가 주인공과 하나가 되는 순간,
그대는 주인공의 빛에 의해 훤히 깨어나게 된다.
그대의 마음은 모든 번뇌와 망상을 벗게 되며,
그대의 몸은 모든 불편을 벗고 상쾌해지게 된다.
그대의 온 존재는 말할 수 없는 평화와
황홀한 고요함에 충만해진다.

더 이상 그대에게 부족함은 없으며
더 이상 그대에게 불만은 없다.
이것이 주인공이 가져오는 '깨어있음'의 힘이다.

주인공은 에고에게 명령한다.
오직 육체만을 자신으로 알고,
생각과 감정, 오감으로 짓는
각종 형상에 집착하는 그대여,
항상 나를 기억하라!
항상 나를 놓치지 말라!

나(주인공)는 본래 깨어있음이니,
그대가 나를 느끼는 순간,
그대의 온 존재는 활짝 깨어날 것이다.

"언제 어디서라도 남들에게 속아서는 안 된다!"
"예, 예!"

이 문답도 마찬가지이다.
'주인공'의 자격으로
자신의 '에고'에게 명령하는 것이다.

주인공 자리는 본래 남에게 속는 자리가 아니다.
여기서 '남'이란 단순히 타인을 말하는 것이 아니다.
우리의 마음을 유혹하는
일체의 '형상'을 모두 통틀어 말한 것이다.

형상에 속는 마음은
우리의 자아의식인 '에고'이다.
주인공의 마음은 형상을 초월한 마음이다.
형상을 알아차리되 그것에 집착하지 않는 마음이다.
그러니 어찌 형상에 속을 수 있겠는가?

그대가 '주인공'을 찾기만 하면
그대는 절로 깨어날 것이며,
그대는 절로 형상에 속지 않게 될 것이다.

그러니 "주인공!"
한 마디면 족하다.
오직 주인공을 찾아라!
이것이 지금 당장 그대가 해야 할 일이다.

9

육조, 선도 악도 생각지 말라

육조六祖가 혜명 상좌에게 쫓겨서 대유령에 이르렀다.
조사는 혜명이 쫓아오는 것을 보고,
의발을 돌 위에 던져 놓고 말하였다.
"이 옷은 '믿음'을 표시하는 것인데
어찌 '힘'으로 다툴 수 있겠는가?
그대에게 맡길 것이니 알아서 하게."

혜명이 그 옷을 들어 올리려 하였으나
산처럼 움직이지 않았다.
두려운 마음이 들어 주저하면서 혜명이 말하였다.
"저는 본래 법을 찾아 온 것이지,
이 옷 때문에 온 것이 아닙니다. 원컨대 길을 열어 주십시오."

육조가 말하였다.
"선도 생각하지 말고 악도 생각하지 말라!

● 혜능慧能(638~713) : 중국 선종禪宗의 제6조로서 제5조인 홍인弘忍의 법을 계승하여 남종선南宗禪의 시조가 되었다.

바로 이때 어떠한 것이 그대의 본래면목인가?"
혜명이 그 자리에서 깨달았다.

六祖因明上座 趁至大庾岭 祖見明至 卽擲衣鉢于石上云 此衣表信 可力爭耶 任君將去 明遂擧之如山不動 踟躕悚慄 明曰 我來求法 非爲衣也 願行者開示 祖云 不思善不思惡 正與麼時那箇是明上座 本來面目 明當下大悟

(무문관)

육조가 혜명 상좌에게 쫓겨서 대유령에 이르렀다.
조사는 혜명이 쫓아오는 것을 보고,
의발을 돌 위에 던져 놓고 말하였다.
"이 옷은 '믿음'을 표시하는 것인데
어찌 '힘'으로 다툴 수 있겠는가?
그대에게 맡길 것이니 알아서 하게."

6조 혜능慧能은 5조 홍인弘忍 대사에게
의발(가사와 바리때)을 전수받고,
그를 질투하는 무리들을 떠나
멀리 남방으로 길을 떠났다.

그 길을 혜명이라는 스님이 쫓아왔다.
혜명은 6조의 의발을 되찾는 데
혈안이 되어 있었다.
6조는 그런 그에게 의발을 던져 주고
가져가라고 하였다.

혜명이여, 그대는 힘으로
이 의발을 뺏으려고 하나,
부처의 가르침은 이 의발에
존재하는 것이 아니다.
이 의발을 힘으로 뺏는다고 해서,
그것이 그대에게 무슨 의미를 지니겠는가?

혜명이 그 옷을 들어 올리려 하였으나
산처럼 움직이지 않았다.
두려운 마음이 들어 주저하면서 혜명이 말하였다.
"저는 본래 법을 찾아 온 것이지,
이 옷 때문에 온 것이 아닙니다. 원컨대 길을 열어 주십시오."

혜명의 귀에
6조의 가르침은 들리지 않았다.
그는 이 '의발'이라는 형상에
집착하고 있었다.

그런데 혜명은 혼란에 빠지고 만다.
6조가 던진 의발을 도저히 힘으로 들 수 없었던 것이다.
가벼워만 보이던 그 의상을
도저히 들 수 없었다.

혜명은 퍼뜩 정신을 차린다.
이 분은 진실로 법통을 이을 만한 분이시다.
이 분에게서 의발을 뺏을 것이 아니라,
이 분에게 진리를 전수받자!
혜명은 정신을 차리고
6조에게 가르침을 청하게 된다.

육조가 말하였다.

"선도 생각하지 말고 악도 생각하지 말라!
바로 이때 어떠한 것이 그대의 본래면목인가?"
혜명이 그 자리에서 깨달았다.

이제 진정한 진리의 전수가 시작된다.
자신의 의발을 빼앗고자
자신을 뒤쫓던 혜명을 위해,
6조는 참나를 즉각 깨치는
'반조선返照禪'의 비결을 전수한다.

혜명이여, 그대를 괴롭히는 것은
그대의 번뇌와 망상일 뿐이다.
그리고 번뇌와 망상은 모두
'생각의 작용'일 뿐이다.

그대가 생각을 즉각 멈출 수만 있다면,
그대의 생각을 초월하여 존재할 수만 있다면,
그대는 이미 '참나'와
하나 되어 존재할 것이다.

자, 내가 가르치는 길을 따라오라.
그대는 그대의 생각을 즉각 멈춰라!
악한 것, 즉 번뇌와 망상을 버리려고도 말고,
선한 것, 즉 깨달음을 얻으려고도 말라!

그 상태로 존재하라.
악한 것을 버리고 싶다는 생각이 일어나면,
즉각 "모른다!"라고 선언하라!
선한 것을 얻고 싶다는 생각이 일어나면,
즉각 "모른다!"라고 선언하라!
오직 모를 뿐이다.

그 상태로 존재하면서 살펴보라.
어떤 것이 그대의 본래면목인가?
어떤 것이 그대의 형상에 오염되지 않은
순수한 모습인가?

그대가 선한 것도 악한 것도
생각하지 않고 존재할 수 있다면,
그대의 내면은 투명할 정도로 맑아질 것이다.
그대의 내면에는 어떠한 형상도
존재하지 않게 될 것이다.

일체의 형상이 사라질수록,
자아에 집착하는 에고가 희미해질수록,
형상을 초월하여 존재하는
'투명한 알아차림'만이 한량없이 흐를 것이다.
여기에 어떠한 번뇌가 붙을 수 있겠는가?

그대의 본래면목의 등장은
그대의 존재를 질적으로 변화시킬 것이다.
그대의 몸과 마음은 일체의 번뇌를 떠나
최고로 안락한 상태에 머물게 될 것이다.

그리고 그대는 일체의 만법이
결국 생각·감정·오감의 6근 작용에 불과하며,
그것들은 모두 독자적 실체가 없는
'참나의 나툼'일 뿐임을 깨닫게 될 것이다.

자, 그러니 선도 악도 생각하지 말라!
이것이 그대가 지금 당장 해야 할 일이다.
이것이 바로 내가 얻은 진리이다.

10
용담, 아직도 캄캄한가

용담龍潭*에게 덕산德山**이 찾아가
법을 청하였는데 밤이 깊어졌다.

용담이 말하였다.
"밤이 깊었는데 왜 물러가지 않는가?"
덕산이 마침내 안부 인사를 하고 발을 걷고 밖으로 나갔다.

덕산이 밖을 보니 캄캄하여 돌아와서 말하였다.
"밖이 너무 캄캄합니다."
용담이 등불에 불을 켜서 덕산에게 주었다.

덕산이 받으려고 하자,
용담이 등불을 불어서 꺼 버렸다.

● 용담숭신龍潭崇信(? ~ ?) : 천황도오天皇道悟의 법을 계승하였다.
●● 덕산선감德山宣鑑(780~865) : 속성이 주周씨로 『금강경』에 정통하여 '주금강周金剛'이라고 불렸
   으며 용담숭신龍潭崇信의 법을 계승하였다.

덕산이 이때 홀연히 깨달음을 얻고 절을 하였다.

龍潭因德山請益抵夜 潭云 夜深子何不下去 山遂珍重揭簾而出 見外面黑却回云 外面黑 潭乃點紙燭度與 山擬接 潭便吹滅 山于此忽然有省 便作禮
(무문관)

용담에게 덕산이 찾아가
법을 청하였는데 밤이 깊어졌다.
용담이 말하였다.
"밤이 깊었는데 왜 물러가지 않는가?"
덕산이 마침내 안부 인사를 하고 발을 걷고 밖으로 나갔다.

덕산은 용담에 찾아가 밤이 깊도록
가르침을 받았다.
그러나 그는 용담의 가르침을
머리로만 이해했을 뿐,
가슴으로 체득하지는 못했다.

'깨달음'은 생각의 작용인
'개념적 이해'로는 체득되지 않는다.
참나에 대한 '직접적인 체험'이 아니고는
그 어떤 분석과 판단으로도
그 자리를 명확하게 체득할 수는 없다.

덕산은 개념적으로만 이해하고 있다.
용담은 더 이상의 대화가
의미가 없다고 보고,
그에게 그만 돌아가라고 한다.

덕산이여, 그대는 끊임없이

'형상'과 '개념'으로만 부처 자리를 추구한다.

그러한 형상·개념에 대한 집착을 멈춰야만
진리에 도달할 수 있을 것이다.
그대는 아직 준비가 안 된 것 같다.
밤이 깊었으니 그만 돌아가도록 하라.

덕산이 밖을 보니 캄캄하여 돌아와서 말하였다.
"밖이 너무 캄캄합니다."
용담이 등불에 불을 켜서 덕산에게 주었다.

용담이여, 밖이 너무 캄캄합니다.
저에게 등불을 주십시오.
이런, 덕산이 용담에게 절호의 기회를 준다.
용담이 이런 좋은 기회를 그냥 놓칠 리가 없다.
참새가 어찌 방앗간을
그냥 지나칠 수 있다는 말인가?

자, 이때다. 다시 오지 않을 때이다.
덕산의 그릇을 시험해 보자.
덕산이 스스로 껍질을 깨고
나올 수 있을지 시험해 보자.

캄캄한 '밖'과 밝은 '등불'을 통해

덕산의 내면에서
광명하게 빛나고 있는
'순수한 알아차림'인 부처 자리가
훤히 드러나도록 유도해 보자.

덕산이 받으려고 하자,
용담이 등불을 불어서 꺼 버렸다.

덕산이여, 그대는 밖이 캄캄하다고 했다.
그대는 아직도 '형상'(相)에 집착하고 있다.
'캄캄하다'라는 것에 집착하여
그대 내면에 광명히 빛나고 있는
'참나'를 저버리고 있다.

그대의 내면에는
세세생생 단 한 순간도 꺼지지 않은
광명하고 찬란한 빛이 존재한다.
그대는 그 자리를 잊어버리고
'캄캄하다'라는 형상에 집착하고 있다.

'캄캄하다'라는 형상을 알아차리는 자는 누구인가?
그 자리를 찾아보라.
과연 그 자리도 캄캄한가?
'캄캄하다'라고 알아차린 그대는

단 한순간도 어두워지지 않고
지금 이 순간, 그대 내면에서 찬란히 빛나고 있다.

자, 이제 그대에게 밝은 등불을 주겠다.
어떠한가? 밝아졌는가?
이번엔 '밝다'라는 형상에 집착할 셈인가?

자, 내가 다시 등불을 꺼버리겠다.
등불이 꺼졌으니 다시 어두워졌다.
어떠한가?
다시 '캄캄하다'라는 형상에 집착할 셈인가?

캄캄한 것을 알아차린 그대는 누구인가?
밝아진 것을 알아차린 그대는 누구인가?
다시 어두워진 것을 알아차린 그대는 누구인가?
그 자리가 단 한순간이라도
캄캄한 적이 있었던가?

덕산이여, 형상에 속지 말라!
형상은 늘 오고 갈 뿐이다.
캄캄함이 가면 밝음이 오고,
밝음이 가면 캄캄함이 온다.

그러나 캄캄한 것을 알아차리는 자는

늘 깨어있다. 늘 알아차린다!
그래서 캄캄함이 일어남을 알아차리며,
캄캄함이 사라지는 것을 알아차린다.
그리고 밝음이 나타나는 것을 알아차리며,
밝음이 사라지는 것을 알아차린다.

캄캄함이 나타났다고 해서
어두워지지 않으며,
밝음이 나타났다고 해서
더 밝아지지도 않는다.
늘 환한 빛으로 캄캄함과 밝음이 오고 가는 것을
깨어서 알아차릴 뿐이다.

오고 가는 형상을
알아차리는 '그 자리'를 놓치지 말라.
그대의 오염되지 않은 '순수한 나'인
그 자리를 다시는 잊어버리지 말라.

덕산이 이때 홀연히 깨달음을 얻고 절을 하였다.

덕산은 드디어 형상을 초월하여 존재하는
광명한 자아를 되찾았다.
그동안 소를 타고 소를 찾아다녔음을 여실히 깨달았다.

내가 그토록 찾아 헤매던 것이
바로 여기에 있었다.
부처를 찾아 헤매던 그 마음이
바로 부처 자리였던 것이다.

덕산은 밖이 캄캄한 것을 보고
무심히 '캄캄하다'라는 형상에 도취되어
자신을 망각하였다.
그리고 등불이 켜지는 것을 보고
무심히 '밝다'라는 형상에 도취되어
자신을 망각하였다.

그러다 용담이 등불을 꺼 버리자
홀연히 깨달았다.
밖의 형상에 도취되어 살아가던 꿈에서
홀연히 깨어난 것이다.

아, 나는 단 한순간도 어두워진 적이 없었구나!
나는 이토록 생생하게 살아 있었구나!
등불의 켜짐과 꺼짐에 상관없이
나는 광명하였구나!

11
달마, 그대의 마음을 가져오게

달마達磨가 면벽을 하고 있을 때,
제2조 혜가慧可가 눈밭에 서서 팔을 자르고 말하였다.

"제자의 마음이 편안하지 않습니다.
원컨대 스승님께서 제 마음을 편안하게 해 주십시오."
달마가 말하였다.
"그대의 마음을 가져오게.
내가 그대를 편안하게 해 주겠네."

제2조가 말하였다.
"마음을 찾을 수가 없습니다."
달마가 말하였다.
"내가 그대의 마음을 편안하게 해 주었네."

● 혜가慧可(487~593) : 남북조南北朝 시대의 승려로 중국 선종의 개조인 달마達磨의 제자가 되어 중국 선종의 제2조가 되었다.

達磨面壁 二祖立雪斷臂云 弟子心未安 乞師安心 磨云 將心來與汝安 祖云 覓心了不可得 磨云 爲汝安心竟

(무문관)

달마가 면벽을 하고 있을 때,
제2조 혜가가 눈밭에 서서 팔을 자르고 말하였다.

달마가 양 무제에게 실망하여
소림사에서 9년간의 면벽에 들어간 뒤,
혜가라는 스님이 찾아와 진심으로 진리를 구하였다.
그러나 달마는 그를 무시하고
면벽에만 전념하였다.

그러나 혜가는 굽히지 않았다.
눈밭에서 달마에게 가르침을 청하다,
뜻대로 되지 않자 그의 왼팔을 자르면서
달마에게 진리를 청하였다고 한다.

물론 이러한 이야기는 전설로 전해 온다.
이러한 이야기가 사실인지 따질 필요는 없다.
그러나 달마에게 일념으로 가르침을 청한
혜가의 진리를 향한 열정만은
의심할 바가 없을 것이다.

"제자의 마음이 편안하지 않습니다.
원컨대 스승님께서 제 마음을 편안하게 해 주십시오."
달마가 말하였다.
"그대의 마음을 가져오게.

내가 그대를 편안하게 해 주겠네."

자, 이제 본격적으로
달마에 의한 진리의 전수가 시작된다.
달마가 동쪽으로 온 까닭이
훤히 밝혀지게 된다.

생각을 멈추고(不立文字)
곧장 너 자신을 바라보라(直指人心)는,
달마선, 반조선의 가르침이
선명히 드러나게 된다.

달마여, 제자의 마음이 편안치 않습니다.
너무도 고통스럽습니다.
제 안의 부처를 찾을 길이 없습니다.
제발 저를 구원해 주십시오.
제발 저로 하여금 불성을 깨닫게 해 주십시오.

혜가여, 그대의 마음이 불편한가?
그렇다면 그 마음을 나에게 가져오게.
그 마음을 찾아서 얼른 나에게 보여 주게.

혜가는 지푸라기라도 잡는 심정으로,
달마의 가르침대로 온 마음을 모아서

자신의 불편한 마음을 찾기 시작했다.

좀 전까지 나를 괴롭히던
'불편한 마음'은 어디에 있는가?
빨리 이 마음을 찾아야
스승에게 구원을 받을 수 있을 것이다.
자, 불편한 마음은 어디에 있는가?

정신을 모으고
자신의 마음을 노려보았다.
그런데 이상하게도
불편한 마음을 찾을 길이 없다.
좀 전까지 그토록 무섭게 나를 핍박해 오던
그 마음이 사라지고 없는 것이다.

도대체 그 마음은 어디로 간 것일까?
바로 직전까지 존재하던
그 마음은 어디로 가버린 것일까?

그대도 실험해 보라.
그대의 마음이 슬플 때,
그대의 마음이 우울할 때,
그대의 마음이 불편할 때,
슬픈 마음, 우울한 마음, 불편한 마음의 실체를

즉각 찾아보라.

그대는 정신을 하나로 모으고
다른 생각을 못하게 될 것이다.
무형의 마음속에서
그러한 각각의 마음들을 찾아내야 하니,
어떻게 정신을 모으지 않을 수 있겠는가?

정신을 바짝 차리고
마음을 모으고
그대의 마음속을 들여다볼 때,
그대의 내면에는
순수하고도 투명한 알아차림만이 흐르게 된다.

'슬픔' '우울함' '불편함' 등의 형상들은,
그대가 그러한 형상들에 심취하여
그것들을 그대 자신과 동일시할 때만,
그대에게 영향력을 행사할 수 있다.

그대가 그것들을 내려놓고
그것들의 실체를 들여다보고자
순수한 알아차림으로 존재하게 되면,
그러한 형상들은 자취를 감추고 만다.
이것이 자신의 내면을 돌이켜 살펴보는

'반조선'의 가르침이다.

그대가 밖으로, 형상으로 향하는
그대의 관심을 안으로 돌이킬 때,
그대의 본래 모습이 훤히 드러난다는 것이
반조선의 핵심이다.
이것이 달마의 정법이다.

제2조가 말하였다.
"마음을 찾을 수가 없습니다."
달마가 말하였다.
"내가 그대의 마음을 편안하게 해 주었네."

그대가 마음을 모아
모든 관심을 그대의 내면으로만 향할 때,
그대는 그대의 마음속에서
불편한 마음, 우울한 마음, 슬픈 마음을
찾을 수 없을 것이다.

그대는 일체의 형상을 초월하여,
오직 '순수한 알아차림'으로만
존재하게 될 것이다.
오직 '투명하고 청정한 깨어있음'만이
그대의 내면에 흐르게 될 것이다.

불편함이라는 형상에 집착하지 말라.
그대는 불편함이 아니다.
그대는 불편함을 알아차리는 자이다.
그대는 슬픔도 아니고 우울함도 아니다.
그대는 슬픔과 우울함을 알아차리는 자이다.

항상 알아차리는 자로 존재하라!
그대의 내면에 떠오르고 사라지는 '형상'과
그대 자신을 동일시해서는 안 된다.
오직 알아차릴 뿐이다!

앙산, 눈사람을 가리키다

조주, 뜰 앞의 잣나무

구지, 손가락 하나를 세우다

운문, 호떡과 만두

동산, 이 삼베가 3근이지

三

있는 그대로 보라

1

앙산, 눈사람을 가리키다

앙산仰山이 눈사람을 가리키며 말하였다.
"이것보다 더 밝은 색깔이 있을까?"

운문雲門이 말하였다.
"그때 그 눈사람을 발로 차 버렸어야 하는데."

설두雪竇•는 말하였다.
"단지 넘어뜨릴 줄만 알았지,
일으켜 세울 줄은 모르는구나."

擧 仰山指雪師子云 還有過得此色者麽 雲門云 當時便與推倒 雪竇
云 只解推倒不解扶起

(종용록)

● 설두중현雪竇重顯(980~1052) : 운문종雲門宗의 승려로 그가 쓴 『설두송고雪竇頌古』는 『벽암록碧巖錄』의 모체가 되었다.

앙산이 눈사람을 가리키며 말하였다.
"이것보다 더 밝은 색깔이 있을까?"

앙산이 길을 걷다가
길가에 우뚝 서있는 새하얀 눈사람을 보았다.
참새가 방앗간을 어찌 지나칠 수 있겠는가?

떡 본 김에 제사를 지낸다고,
한 점 잡티가 없는
새하얀 눈사람을 보면서,
앙산이 가르침을 폈다.

이 눈사람처럼 마음을 하얗게 하라.
한 점 잡티가 없게 유지하라.
그래야 '참나'로 존재할 수 있다.

모든 '형상'에 대한 기억과 분별을 내려놓고
오직 모를 뿐인 마음으로,
새하얀 눈처럼 존재하라!

운문이 말하였다.
"그때 그 눈사람을 발로 차 버렸어야 하는데."

운문은 눈사람이 지닌 새하얀 흔적마저

모두 내려놓으라고 지적한다.
앙산이여, 그대의 가르침에
모든 사람들이 속고 있다.

모두들 자신의 마음을
새하얗게 만들고자 애쓰고 있다.
그대는 사람들로 하여금
'하얗다'라는 형상에 집착하도록 내몰았다.

진정한 광명함은
하얗고 검은 '색깔' 자체를 초월해야 한다.
'하얗다'라는 흔적마저 버려야 한다.
진정한 밝음은 일체의 색깔을 초월하여 존재한다.

운문은 앙산의 가르침을 보완해 주고 있다.
앙산의 병통을 고쳐 주고 있다.
그러나 그 병통은 앙산에게 있는 것이 아니다.
앙산의 말에 집착하는 이들에게 있는 것이다.

따라서 운문의 말은 앙산의 말을
제대로 이해하지 못하는 이들을 향한 것이다.
앙산을 도와서
그들을 깨우쳐 주고 있는 것이다.

한 점 잡티가 없이 광명한
새하얀 눈사람이 되고 싶다면,
지금 이 순간,
곧장 '하얗다'라는 개념마저
초월하여 존재하라!

일체의 색깔을 잊고 존재하라.
더 밝아지려고도 하지 말며,
지금은 어둡다고도 하지 말라.
'색깔'이라는 형상 자체에 대해
"모른다!"라고 선언하라.
오직 모를 뿐이다!

'하얗다'라는 것도 모르고,
'검다'라는 것도 모른다.
그리고 '모른다'라는 것도 모른다.
일체의 색깔 자체를 초월하는 것이,
진정으로 광명해지는 최고의 비법이다.

설두는 말하였다.
"단지 넘어뜨릴 줄만 알았지,
일으켜 세울 줄은 모르는구나."

앙산이 참나는 새하얀 눈처럼

광명하다고 노래했다면,
운문은 참나는 일체의 색깔을
초월했다고 노래했다.

모두 중생을 '참나'로 돌아가도록
인도하는 '나침반'일 뿐이다.
새하얀 눈을 긍정하든 부정하든
모두 참나의 바다에서 만나게 될 것이다.

설두는 운문을 비판한다.
운문이여, 새하얀 눈의 광명함을 통하여
참나로 인도하는 것이
무엇이 해롭다는 말인가?

운문은 앙산의 새하얀 눈을 무너뜨렸으나,
다시 세울 줄은 몰랐다.
색깔을 초월해야 참나에 도달함은 옳으나,
새하얀 눈으로 참나로 인도하는 도리도
활용할 줄 알아야 한다.
이것이 설두가 운문을 비판한 이유이다.

그대의 눈앞에 있는,
한 점 잡티가 없는 새하얀 눈사람에 집중하라.
한 점 잡념이 없이 눈사람으로 존재하라.

그대는 눈보다 더 광명한 참나로 존재하게 될 것이다.

또한 '하얗다' '검다'를 잊어버리고
오직 모를 뿐인 마음으로 존재하라!
색깔에 대한 그대의 집착이 사라질수록,
그대의 눈보다 더 광명한 참나는
찬연히 드러나게 될 것이다.

2 조주, 뜰 앞의 잣나무

한 스님이 조주趙州에게 물었다.
"어떠한 것이 달마 조사께서 서쪽에서 오신 뜻입니까?"
조주가 대답하였다.
"뜰 앞의 잣나무!"

擧 僧問趙州 如何是祖師西來意 州云 庭前柏樹子

(종용록·무문관)

한 스님이 조주에게 물었다.
"어떠한 것이 달마 조사께서 서쪽에서 오신 뜻입니까?"

조주여, 달마 스님은 도대체 왜
멀리 인도에서 이곳까지 온 것입니까?
달마가 이곳 중국까지 와서
우리에게 전해 주고자 했던,
불법의 핵심은 과연 무엇입니까?

조주가 대답하였다.
"뜰 앞의 잣나무!"

『신심명』에서 이르지 않았던가?
"지극한 도는 어렵지 않으니
오직 이거다 저거다
분별하지만 않으면 된다."

왜 그대는 '달마'라는 형상에,
'불법'이라는 형상에,
'동쪽·서쪽'이라는 형상에 집착하는가?
그냥 그러한 형상들 모두를
몽땅 내려놓을 수는 없는가?

그대의 눈앞에 있는

저 뜰 앞의 잣나무를 보라!
잣나무를 바라보고 느끼되,
잣나무와 나를 구별 짓지만 않으면 된다.
잣나무가 아닌 '나'라는 존재가
내가 아닌 저 '잣나무'라는 존재를
바라본다고 생각하지 말라.

그냥 바라보기만 하라!
'나'라는 개념도
'잣나무'라는 개념도
모두 내려놓고 말이다.
그냥 "모른다!"라고 하라!
오직 모르는 순수한 마음으로
잣나무를 바라보라!

그대가 그대와 잣나무를 구별하지 않고
오직 바라보고 알아차릴 때,
그대와 잣나무는 하나가 될 것이다.
그대와 잣나무를 구별하는 어떠한
'생각의 흔적'도 존재하지 않을 것이다.

그러한 마음으로 존재하라.
일체의 구별이 사라진 그 자리,
생각의 흔적이 사라진 그 자리가

바로 그대의 '순수한 자아'이다.
그대의 '본래 모습'이다.

그대가 태어난 이래
단 한 순간도 오염된 적이 없는 바로 그 자리,
그 자리야말로
달마가 그대에게 전해 주려고 했던
불법의 핵심이다.
달마가 동쪽으로 온 까닭이다!

오직 그대가 참나로 오롯이 존재할 때,
뜰 앞 잣나무의 '본질'을 깨닫게 될 것이다.
뜰 앞 잣나무는 결코
그대와 별개의 존재가 아니었다.
잣나무를 알아차리는 '참나의 나툼'이었던 것이다.

3

운문, 호떡과 만두

운문雲門이 대중에게 말하였다.
"소리를 듣다가 도를 깨닫고,
색깔을 보다가 마음을 밝히는 법이다.

관세음보살이 돈을 주고 호떡을 샀는데
먹어 보니 만두였다."

擧 雲門示衆云 聞聲悟道 見色明心 觀世音菩薩將錢來買餬餅 放下手卻是饅頭
(종용록)

운문이 대중에게 말하였다.
"소리를 듣다가 도를 깨닫고,
색깔을 보다가 마음을 밝히는 법이다.

지금 이 순간 그대의 귀에
들려오는 '소리'에 집중하라!
오직 그 소리를 들을 뿐이다.
일체의 개념적 판단을 멈추고,
소리만 바라보고 느껴 보라.

그것이 무슨 소리인지,
그 소리가 우리에게 어떠한
생각과 감정을 불러일으키는지에 대한,
일체의 개념을 내려놓아라.
오직 그대의 마음에
'소리' 그 자체만 존재하게 하라.

그대의 내면에는 변화가 일어날 것이다.
'소리'라는 개념이 사라지게 될 것이다.
'소리를 듣고 있는 마음'이 사라지게 될 것이다.
소리라는 개념이 없는데,
어찌 소리를 듣는 자가 존재하겠는가?

소리와 소리를 듣는 주체가

모두 사라진 자리에,
소리라는 '형상'이 사라진 그 자리에,
'순수한 알아차림' 그 자체인
그대의 순수한 자아가
훤히 드러나게 될 것이다.

이제 그대의 모든 관심을
'소리'라는 형상을 초월하여 존재하는,
그대의 오염되지 않은 순수한 내면인
'순수한 알아차림'에 집중시켜 보라.
그 자리에 머물러 보라.
이것이 소리를 듣고 '참나'에 이르는 길이다.

'색깔'을 바라봄으로써
마음을 밝히는 것도 이와 다르지 않다.
색깔이라는 '형상'을 초월하여 존재하는
'참나'를 깨닫는 방법도
이와 동일하다.

관세음보살이 돈을 주고 호떡을 샀는데
먹어 보니 만두였다."

'호떡'인 줄 알고 먹었는데
먹고 보니 '만두'더라는 이야기는,

'6근의 작용'에 불과한
색깔을 보는 행위와
소리를 듣는 행위(호떡)가
알고 보니 '참나의 나툼'(만두)이더라는 이야기이다.

오감이 일어나고 사라지는 것을 알아차리는 자리,
생각과 감정이 오고 가는 것을 알아차리는 자리,
그 '순수한 알아차림'의 자리가 없이 어찌
6근이 존재하고 대상을 인식할 수 있겠는가?

'순수한 알아차림'인 참나는
'6근의 작용'으로 인해
하나의 '형상'(相)을 취하게 된다.
참나가 현상계에 자신의 '제약된 모습'을 나툰 것이다.
여기까지는 문제가 아니다.
문제는 여기서부터 시작된다.

'6근의 작용'으로 인해
우리의 순수한 마음속에 하나의 '형상'이 생겨나게 되면,
우리의 시야가 좁아지게 된다.
하나의 형상에 집착하게 된다.
바로 여기서 문제가 발생한다.

만약 색깔을 대하고 소리를 듣고

생각과 감정을 일으킬 때,
'참나의 현존'에 머물면서
일체를 '참나의 나툼'으로 볼 수 있다면,
아무런 문제도 발생하지 않을 것이다.

오히려 그대는
색깔과 소리, 생각과 감정으로 인해
'참나'에 도달하게 될 것이다.
그들은 '참나의 나툼'일 뿐이니 말이다.

호떡인줄 알고 먹었는데
만두였다는 사실을
철저히 이해하게 될 것이다.

4

구지, 손가락 하나를 세우다

구지俱胝* 화상은 질문을 받을 때마다,
항상 손가락 하나를 세워 보일 뿐이었다.

擧 俱胝和尙 凡有所問 只竪一指
(종용록 · 벽암록 · 무문관)

● 구지俱胝(?~?) : 경안주敬安州에 살았고 늘 '구지관음주俱胝觀音呪'를 외우고 다녔기에 '구지화상'
  이라고 불렸다. 천룡天龍의 법을 계승하였다.

구지 화상은 질문을 받을 때마다,
항상 손가락 하나를 세워 보일 뿐이었다.

지금 당장 그대의
손가락 하나를 세워 보라.
그리고 오직 그 손가락만을 바라보라!
그대의 모든 관심을
그대의 '손가락 하나'에 집중하라!

일체의 개념적 판단을 멈추고,
그 손가락 하나만 바라보고 느껴 보라.
그 손가락이 누구의 손가락인지,
그 손가락이 몇 번째 손가락인지
판단하지 말라. 개념을 세우지 말라.
오직 바라볼 뿐이다!

오직 그대의 마음에
'하나의 손가락' 그 자체만 존재하게 하라.
절대로 흐리멍덩함에 빠져서는 안 된다.
이 전체의 과정을 날카롭게 알아차려야 한다.

이때 '손가락'이라는 개념이 사라지게 될 것이다.
'손가락을 보고 있는 마음'이 사라지게 될 것이다.
손가락이라는 개념이 없는데,

어떻게 손가락을 쳐다보고 있는 자가 존재하겠는가?

손가락과 손가락을 쳐다보는 주체가
모두 사라진 그 자리에,
오직 '순수한 알아차림'만 흐르게 될 것이다.
이것이 손가락을 통해
'참나'에 이르는 길이다.

그대가 바라본 것은
'하나의 손가락'일 뿐이나,
그대는 '하나의 손가락'을 통해
천지만물의 본래 모습을 얻게 된다.

'일체유심조一切唯心造'라
일체의 현상은 모두 '참나의 나툼'이니,
그대 눈앞의 한 손가락 또한
그대 참나의 나툼일 뿐이다.

일체를 알아차리는 자리인 '참나'가 없이
어찌 그대 눈앞에 한 손가락이 나툴 수 있겠는가?
눈앞의 한 손가락이 그대로 '참나의 나툼'임을
깨달을 때 천지만물 또한 자신은 온전히 드러낸다.

그래서 손가락 하나로 닦는

구지의 일지선─指禪에 대해,
『벽암록』의 저자인 원오圓悟 선사는
"한 송이 꽃이 피니
온 세계가 열린다!"라고 한 것이다.

구지 화상은 세상을 떠날 때
이러한 말을 남겼다.
"내가 천룡天龍 선사에게
손가락 하나의 선禪을 얻어서,
한 평생을 쓰고도
모두 다 쓰지 못하고 죽는구나."

그대 또한 이 손가락 하나로
깨달음에 이르라.
그리고 아무리 써도 마르지 않는,
그 깨달음의 샘이
일체의 중생에게 흐르게 하라.

5

동산, 이 삼베가 3근이지

한 스님이 동산洞山•에게 물었다.
"어떤 것이 부처입니까?"
동산이 대답하였다.
"이 삼베가 3근이지!"

擧 僧問洞山 如何是佛 山云 麻三斤

(벽암록·무문관)

● 동산수초洞山守初(910~990) : 섬서성 봉상부鳳翔府 출신으로 운문문언雲門文偃의 법을 계승하였다.

한 스님이 동산에게 물었다.
"어떤 것이 부처입니까?"

한 스님이 동산에게 간절히 묻는다.
동산이여, 그대는 항상 우리의 마음속에
부처 자리가 생생하게
살아 있다고 합니다.

자, 이제 그 자리를
지금 당장 저에게도 보여 주십시오.
제가 그 자리를 생생히 느낄 수 있도록
저를 도와주십시오.

동산이 대답하였다.
"이 삼베가 3근이지!"

동산은 부처 자리를 보여 달라는
한 스님의 요청에 성실히 답변해 준다.
"이 삼베가 3근이지!"
이 무슨 해괴한 소리인가?

삼베가 3근이라는 사실이
어떻게 부처 자리라는 말인가?
자, 의심해 보라.

의심이 지극해야 큰 답을 얻는 법이다.

이 선문답을 정확히 이해하기 위해서는
약간의 기초 지식이 필요하다.
왜냐하면, 이 대화가 이루어졌던 시기는
지금부터 천년도 더 된 옛날이니 말이다.
그 당시에는 너무나 상식적인 이야기도
지금 우리에겐 낯설 수 있다.

당시 한 필의 삼베는 '3근'이었다.
그리고 한 필의 삼베로 승복이 한 벌 지어진다.
이것은 너무나 상식적인 이야기였다.
따라서 삼베로 지은 승복의 무게는
저울에 재 보나 마나 3근이다.
누구나 이런 사실은 알고 있다.

동산은 부처가 무엇이냐는 질문에,
자신이 입고 있던
'삼베옷'을 가리키며 답한다.
그대도 알다시피,
이 삼베옷 무게가 3근이지!

너무나도 당연한 이야기이기에,
제자는 순간적으로 판단이 멈춘다.

동산이여, 그건 너무나 당연합니다!
그런데 그런 당연한 이야기를
왜 저에게 하시는 것입니까?

스님께서 뭔가 착각을 하신 것 같은데,
제가 스님께 물어본 것은
그런 당연한 이야기가 아니고,
부처 자리에 대한 것이었습니다.

동산은 당당하다.
그렇다!
그대가 방금 체험했듯이,
그렇게 한 점 의심이나 망설임 없이
명확히 알아차리는
그 자리가 '부처 자리'이다.

방금 그대의 내면에 생생히 존재했던,
한 점 의심 없이 확신하는
또랑또랑한 그 자리가
바로 그대의 부처 자리이다.

일주일은 7일이지!
일 년은 12달이지!
3×3=9!

여기에 의문이 있는가?
의심이 붙을 수 있는가?
자, 이러한 당연한 말을 들을 때,
그대의 마음에 분별과 망설임이 일어나는가?

너무나 명백하기에
어떠한 거부감이나 분별이 없이
있는 그대로 그 사실들을
받아들이고 있지 않은가?

명백한 진리나
지극히 상식적인 이야기를 들었을 때,
"옳다!" "맞다!"라고 외치며
한 점 의심을 하지 않고 확신하는
그 자리를 주목하라!

너무도 명백한 사실을 대하여,
조금도 마음에 번뇌와 망상이 없이
사실을 있는 그대로 알아차리기만 하는
바로 그 자리를 주목하라!
그 자리야말로 그대의 부처 자리이다.

이런 명확한 마음자리에 집중하라!
그러한 마음이 갖는 명확함을 깊이 느껴 보라!

한 점 의심이나 불필요한 망상이 없는
투명하고 맑고 명확한 의식이야말로
우리의 본래 모습이다.

이 자리를 놓치지 말아야 한다.
우리는 언제 어디서나
이 청명한 마음을 잃어버려서는 안 된다.
그것이 우리의 본래 모습이니 말이다.

四

일체의 형상을 초월하라

조주, 개에게 불성이 있는가

운문, 똥 막대기

조주, 그렇다면 들고 있게

암두, 긍정하지도 부정하지도 말라

낭야, 산하대지는 왜 생기는가

임제, 무위진인도 똥 막대기일 뿐

경청, 아직 살아 있는가

문수, 삼매에 든 여인

파초, 주장자가 있는가

1
조주, 개에게 불성이 있는가

한 스님이 조주趙州에게 물었다.
"개에게도 불성이 있습니까? 없습니까?"
조주가 대답하였다.
"있다!"
스님이 물었다.
"이미 불성이 있다면,
왜 저 가죽 주머니 속에 들어가 있는 것입니까?"
조주가 대답하였다.
"그가 알면서도 일부러 들어간 것이다."

또 다른 스님이 물었다.
"개에게 불성이 있습니까? 없습니까?"
조주가 대답하였다.
"없다!"
스님이 물었다.
"일체 중생이 모두 불성이 있는데,
왜 저 개만 없는 것입니까?"
조주가 대답하였다.

"그에게 업식이 있기 때문이다."

舉 僧問趙州 狗子還有佛性也無 州云 有 僧云 旣有 爲甚麼卻撞入這箇皮袋 州云 爲他知而故犯 又有僧問 狗子還有佛性也無 州云 無 僧云 一切衆生皆有佛性 狗子爲甚麼卻無 州云 爲伊有業識在
(종용록·무문관)

四 일체의 형상을 초월하라

한 스님이 조주에게 물었다.
"개에게도 불성이 있습니까? 없습니까?"

개에게는 과연
불성이 있을까, 없을까?
일체 만물의 뿌리 자리인 불성이
개에게만 없다고 한다면 말이 되지 않는다.
그러나 아무리 봐도 개에게
불성과 같은 보물이 있어 보이지 않는다.

조주가 대답하였다.
"있다!"

불성에는 '개'도 '사람'도
'있음'도 '없음'도 존재하지 않는다.
모든 '형상'과 '개념'을 초월한 그 자리가
바로 불성 자리이기 때문이다.

사정이 이러한데,
이 스님은 개에게 불성이
있는지 없는지를 고민하고 있다.
형상에 중독되고 개념에 중독되어
병이 깊다 하겠다.

자, 어떻게 해야 이 사람을 다시
살려 낼 수 있겠는가?
어떻게 해야 이 사람이 형상과 개념을
초월하도록 도울 수 있겠는가?

조주는 단호하게 말한다.
"있다!"
개에게는 불성이 있다!

조주는 개념에 집착하는 그에게
'있다'라는 개념을 던져 주고
그의 반응을 지켜보려 한다.
과연 그는 어떻게 반응할 것인가?

스님이 물었다.
"이미 불성이 있다면,
왜 저 가죽 주머니 속에 들어가 있는 것입니까?"

그 스님이 곧장 '있다'라는 개념에 반응한다.
조주여, 불성이 있다면 어떻게
저 가죽 주머니 속에 들어가 있는 것입니까?
도대체 왜 자유롭고 광명한 불성을 지닌 존재가
저런 몸속에 들어갔다는 말입니까?

조주가 대답하였다.
"그가 알면서도 일부러 들어간 것이다."

조주는 '개념'을 놓지 못하는
그 스님이 안타깝다.
그것 봐라!
'있다'라는 개념에 집착하여 불성 자리를 찾으니
그런 모순에 빠지지 않는가?
그대의 말처럼 애초에 말이 안 되는 짓거리이다.

그대는 얼마든지 내가 제시한 개념을 반박할 수 있다.
나 또한 그대가 주장하는 개념에
얼마든지 반박할 수 있다.
개념은 얼마든지 조합해 낼 수 있다.
있는 그대로의 실상과 무관하게 말이다.

얼마든지 진실을 거짓으로,
거짓을 진실로 포장할 수 있다.
한 가지 결과에 수많은 원인을 가져다 댈 수도 있으며,
한 가지 원인에 수많은 결과를 만들어 낼 수도 있다.
이것이 '개념의 힘'이다.

개에게 불성이 어떻게 있을 수 있냐고?
나는 그것에 대한 답을 수없이 댈 수 있다.

물론 이것은 어디까지나 '개념의 유희'일 뿐이다.
진실과는 무관하다.

그대가 개념을 초월하여 존재하는 불성 자리를
도외시한 채로 '개념'으로 된 답을 원한다면,
나는 얼마든지 그것에 대한 답을 줄 것이다.

이러한 답은 어떠한가?
개가 알면서도 일부러 들어간 것이다!
그럴듯하지 않은가?
그대가 만족하지 않는다면 다른 답을 줄 수도 있다.

그러나 이것 하나만은 명심하라.
그대가 이렇게 '개념'의 세계에서
'불성'을 찾아다닌다면,
죽을 때까지 그것을 찾아 헤매도
절대로 그것을 찾지 못할 것이다.

끝없이 활주로만을 달릴 뿐
날아오르지 못하는 비행기처럼,
개념의 세계에서
초월의 세계로 비상하지 못할 것이다.

또 다른 스님이 물었다.

"개에게 불성이 있습니까? 없습니까?"
조주가 대답하였다.
"없다!"

병이 깊은 환자가 여기 또 있다.
이 사람 또한 '개의 불성'에 집착하고 있다.
개념과 형상에 단단히 중독되어 있다.

조주는 이번에는 다른 '개념'을 던져 준다.
역시 개념을 초월하라는 배려일 뿐이다.
"없다!"
개에게는 불성이 없다!

스님이 물었다.
"일체 중생이 모두 불성이 있는데,
왜 저 개만 없는 것입니까?"

이 스님 또한 곧장 개념에 낚이고 만다.
'없다'라는 개념에 집착하여
새로운 개념을 만들어 낸다.
도대체 왜 개만 불성이 없다는 말입니까?
이 스님 역시 병이 깊다.

조주가 대답하였다.

"그에게 업식이 있기 때문이다."

그대에게는 어떠한 멋진 개념을 선물해 줄까?
이러한 답은 어떠한가?
개에게 엄청난 업장이 있어서라고 말이네.
어떤가, 만족스러운가?
그대는 '개'라는 개념,
'불성'이라는 개념,
'있다·없다'의 개념,
일체를 내려놓아야 한다.

그래야 '불성'에 안주할 수 있다.
불성이 있다고 해도 개념일 뿐이며,
불성이 없다고 해도 개념일 뿐이다.

'개념'은 달빛일 뿐이다.
개념을 존재하게 해 주는
'실재'라는 햇빛을 찾아야 한다.

참다운 실재는
다름 아닌 그대의 내면에 존재한다.
형상과 개념에서 답을 찾지 말라.
곧장 그대의 내면으로 들어가라.
바로 그곳에 그대가 찾는 답이 있다.

이 개의 불성에 관한 선문답 중
특히 뒤의 문답은
본래의 문답과는 조금 다른 의미로
널리 활용되었다.

다음과 같이 정리된 선문답은,
일체의 알음알이를 타파하고
내면의 참나를 곧장 드러나게 해 주는,
최고의 요결로 활용되어 왔다.

한 스님이 물었다.
"개에게 불성이 있습니까? 없습니까?"
조주가 대답하였다.
"없다!"

달마에게 "모른다!"가 있다면
조주에게는 "없다!"가 있었다.
이 경우 조주의 "없다!"는
본래의 선문답이 지닌 의미와는 다른 의미를 지닌다.

이 경우 "없다!"라는 선언은
개에게 불성이 있는지, 없는지를
헤아리는 그 마음을
곧장 부정해 버리라는 단호한 외침이 된다.

쉼 없이 일어나는
일체의 망상에 대해 "없다!" "없다!"라고
단호히 선언하고 부정하면,
일체의 알음알이는 사라지고
참나의 알아차림은 광명하게 드러나게 된다.

조주의 '무無'자야말로
일체의 알음알이를 한 방에 타파하고
'모르는 마음'을 곧장 회복하는,
최고의 요결이 아닐 수 없다.

2

운문, 똥 막대기

운문雲門에게 한 스님이 물었다.
"어떤 것이 부처입니까?"
운문이 대답하였다.
"똥 묻은 막대기이다!"

雲門因僧問 如何是佛 門云 乾屎橛

(무문관)

운문에게 한 스님이 물었다.
"어떤 것이 부처입니까?"

한 스님이 운문에게
'부처' 자리에 대해 묻는다.
운문이여, 저에게 그대가 강조하는
'부처'가 과연 무엇인지 보여 주십시오.

저는 '부처'가 되어야 합니다.
그것이 제가 출가한 이유이고
제가 수행을 하는 이유입니다.
그 자리를 얻기 전에는
저에게 자유란 없습니다.
제발 그 자리를 저에게 보여 주십시오.

운문이 대답하였다.
"똥 묻은 막대기이다!"

이 스님은 병이 깊다.
다른 것이 병이 아니다.
자신의 내면에 생생히 존재하는
'순수한 알아차림'을 놓치고,
'형상'에 집착하는 것,
'개념'에 집착하는 것,

이것이 바로 병이다.

자신이 이미 '부처'라는 사실을 알지 못하고,
부처라는 존재가 되고자 갈망하는 것,
부처 자리에 대해
'개념'으로만 이해하려고 하는 것,
이것이 바로 병이다.

그대여, 부처에 대해 알고 싶은가?
부처가 되고 싶은가?
그렇다면 부처가 아닌 것에 집착하지 말라.
형상과 개념을 몽땅 내려놓으라.

부처가 아닌 모든 것을 내려놓을 때
그대는 이미 '부처'로서 존재하게 될 것이다.
부처는 '개념'이 아니다.
그러니 그대는 생각을 멈추어야 한다.
부처는 '형상'이 아니다.
그러니 그대는 형상을 내려놓아야 한다.

지금 당장 그대의 '생각'을 멈추어라!
그러면 그대의 내부는 청정해질 것이다.
그대는 형상에서 자유로워질 것이며,
그대는 개념에서 초월하게 될 것이다.

'형상'과 '개념'은
그대의 '생각'에 의존하여 존재한다.
그대가 '생각'을 내려놓는다면,
그대의 내면은 투명해질 것이며
청정해질 것이다.

모든 형상과 개념이
사라진 그 자리는,
가을 하늘처럼 투명하고 청정한
'순수한 알아차림'만이 가득할 것이다.

그 상태로 존재하라!
그대는 이미 부처의 자리에 도달한 것이다.
그 자리는 시간과 공간, 주관과 객관,
부처와 중생을 모두 초월한 자리이다.

그 자리에 어찌
그대와 부처의 구별이 있을 수 있겠는가?
나와 남을 가를 수 없는
오직 '순수한 알아차림'만이
현존할 것이다!

그대는 이미 '부처'이다!
'부처'라는 개념에 집착해서는 안 된다.

그대가 부처라는 개념에 집착하는 한,
'부처'는 그대라는 '주체'가 도달해야 하는
하나의 '객체'에 불과하게 된다.
형상과 개념의 차원에 떨어지고 만다.

그대가 부처가 되고 싶다면,
부처를 내려놓아야 한다.
생각을 멈추어야 한다.
'부처'라는 개념을
똥이 말라붙어 있는
'똥 막대기'로 여겨야 한다.

부처가 되고자 하는 그대여,
언제까지 '똥 막대기'를 들고 있을 셈인가?
그대가 부처가 되고 싶다면
지금 당장 그 똥 막대기를
내던져 버려야 할 것이다.

당장 내다 버려야 한다.
당장 내려놓아야 한다.
그대가 '부처'라는 개념을 내려놓기만 하면
그대는 지금 당장 '부처'로
존재할 수 있을 것이다.
'순수한 알아차림'이 전면에 드러날 것이다.

3

조주, 그렇다면 들고 있게

엄양嚴陽 존자가 조주趙州에게 물었다.
"한 물건도 없는 경우에는 어떻게 해야 합니까?"
조주가 대답하였다.
"내려놓아라!"

엄양이 물었다.
"한 물건도 없는데 무엇을 내려놓으라는 말입니까?"
조주가 대답하였다.
"그렇다면 들고 있게."

擧 嚴陽尊者問趙州 一物不將來時如何 州云 方下著 嚴云 一物不將來放下箇甚麼 州云 恁麽則擔取去

(종용록)

엄양 존자가 조주에게 물었다.
"한 물건도 없는 경우에는 어떻게 해야 합니까?"

엄양은 자신이 얻은 대단한 경지를
조주에게 털어놓고 점검받고자 한다.
물론 단순한 점검은 아니다.
그는 조주에게 자신의 경지를 '자랑'하고 있다.

조주여, 저는 일체의 형상과 개념을
초월하여 존재할 수 있습니다.
저는 한 물건도 없는 그러한 경지에
머물 수 있습니다.
이것은 엄청난 신비입니다.

자, 이런 경지는 어떻습니까?
이 정도면 공부의 극치가 아니겠습니까?
한 물건도 없는데
더 닦을 것이 있겠습니까?

조주가 대답하였다.
"내려놓아라!"

조주는 엄양의 이야기를 듣고
단번에 그가 빠져 있는 함정을 꿰뚫어 보았다.

엄양이여, 그대는 지금 함정에 빠져 있다.
그대는 자신이 일체의 형상과 개념을
초월했다고 말하고 있으나,
'한 물건도 없음'이라는 개념에 빠져 있다.
그러한 미묘한 개념에 집착하고 있다.

진정한 초월은
일체의 형상·개념을 초월하여
한 물건도 없는 경지에 머물되,
자신이 그러한 경지에 머문다는 사실 자체도
초월할 줄 알아야 한다.

물론 형상과 개념을 초월하여
존재할 수 있는 것은 대단한 것이다.
그러나 그러한 경지에 노닐면서
자유자재로 형상과 개념을 부리는 것은
더욱 대단한 경지이다.

인연을 초월하여 존재하되
인연을 자유자재로 굴릴 수 있어야 한다.
이러한 경지에 이르러야만
참다운 부처라 할 수 있다.

단지 끊을 줄만 안다면,

말이 없는 저 돌덩이나
말라비틀어진 저 고목과
무엇이 다르겠는가?

일체의 형상과 개념을 초월하여 존재하는
'부처' 자리에서 떠나지 않되,
일체의 형상과 개념을 자유자재로 부리는
대자유인만이 참다운 '부처'라고 할 수 있는 것이다.

그대는 내려놓아야 한다.
'한 물건도 없음'에 대한 집착,
일체의 형상과 개념을 모두 초월하여
존재하는 것에 대한 집착을 말이다.

엄양이 물었다.
"한 물건도 없는데 무엇을 내려놓으라는 말입니까?"

엄양은 도통 이해할 수가 없다.
한 물건도 없는 이 자리를 내려놓으라니!
도대체 한 물건도 없는데,
무엇을 내려놓으라는 말인가?
조주는 대체 무슨 말을 하고 있는 것인가?

조주가 대답하였다.

"그렇다면 들고 있게."

엄양이여, 그대는 자신이 무엇에
집착하고 있는지 꿰뚫어 보아야 한다.
그대는 '한 물건도 없음'에 집착하고 있다.
언제까지 그것을 들고 다닐 것인가?

일체의 형상과 개념을 초월하여 존재하는
'순수한 알아차림'은 본래 자유자재이다.
그러나 그대가 그 자리에 집착하는 순간,
그 자리는 굳어지고 만다.
하나의 형상, 하나의 개념으로 전락하고 만다.

그대는 자신의 본래면목을
구속하지 말아야 한다.
본래 자유로운 그 자리를
숨 막히게 해서는 안 된다.

자, 이제 그대 스스로가 결정하라!
그대가 들고 있는 그 물건을
계속 들고 다닐 것인지,
그것을 내려놓고 진정한 자유인으로
거듭날 것인지를 말이다.

4

암두, 긍정하지도 부정하지도 말라

서암瑞巖이 암두巖頭에게 물었다.
"어떠한 것이 본래 상주하는 진리입니까?"
암두가 대답하였다.
"움직였구나!"

서암이 물었다.
"움직이면 어떻게 됩니까?"
암두가 말하였다.
"본래 상주하는 진리를 보지 못하지."

서암이 우두커니 생각에 잠겼다.
암두가 말하였다.
"내 말을 긍정하면 속세를 벗어나지 못할 것이고,
부정하면 영원히 생사의 세계에 빠지게 될 것이다."

● 암두전활巖頭全豁(828~887) : 복건성 천주泉州 출신으로 덕산선감德山宣鑑의 법을 계승하였다.

擧 瑞巖問巖頭 如何是本常理 頭云 動也 巖云 動時如何 頭云 不見本常理 巖佇思 頭云 肯即未脫根塵 不肯卽永沈生死

(종용록)

四 일체의 형상을 초월하라

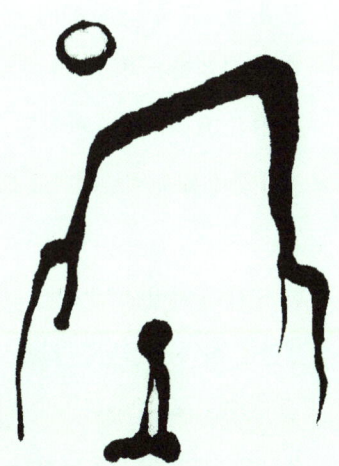

서암이 암두에게 물었다.
"어떠한 것이 본래 상주하는 진리입니까?"

암두여, 세세생생 상주하는
불변의 진리란 무엇입니까?
도대체 그러한 영원불멸의 존재가
저의 내면에 존재하기는 한 것입니까?
저의 내면에 그러한 보물이 존재한다면
왜 저는 그것을 볼 수 없는 것입니까?

암두가 대답하였다.
"움직였구나!"

서암이여, 그대는 방금 전까지
그대가 그토록 찾아 헤매는
'본래 상주하는 진리' 그 자체였다.
그러나 그대가 공연한 의문을 일으키는 순간,
진리에서 움직여 벗어나고 말았다.

한 생각이 일어난 뒤에
생각에 빠져 매몰되는 것을
"움직였다!"라고 한다.
생각에 빠져 참나를 놓쳤기에
움직였다고 하는 것이다.

이 도리를 알겠는가?
한 생각을 일으키기 이전이
'본래 상주하는 진리'이며,
한 생각에 집착하는 것이
본래 상주하는 진리에서 움직인 것이다.

그대는 본래 상주하는 진리에 대한
의심을 내려놓아라.
그리고 생각을 초월하여 존재하라.
그 자리가 바로 본래 상주하는 진리의 자리이다.

자, 이제 살펴보라.
생각의 머리를 바라보라!
생각이 머리를 내미는 그 순간을 놓치지 말라.
생각의 꼬리를 바라보라!
생각이 완전히 사라지는 마지막 순간을 놓치지 말라.

일어나고 사라지는 생각을
알아차리는 그대는 누구인가?
일어나는 생각을 맞이한 그대는 누구인가?
사라지는 생각을 배웅한 그대는 누구인가?

그대는 '생각'이 아니다.
'생각 이전의 알아차림'일 뿐이다.

생각에 오염되지 않는
'순수한 알아차림'일 뿐이다.
그 상태로 존재하라.

한 생각이 일어난 자리,
공연한 의심이 일어난 그 자리가 바로
세세생생 변치 않는 '순수한 알아차림'의 자리이다.
본래 상주하는 진리의 자리이다.

서암이 물었다.
"움직이면 어떻게 됩니까?"
암두가 말하였다.
"본래 상주하는 진리를 보지 못하지."

암두여, 만약 움직였다면
어떻게 되는 것입니까?
본래 상주하는 진리가 움직이면 어떻게 되는 것입니까?

서암이여, 그것을 왜 나에게 묻는 것인가?
그대가 더 잘 알고 있지 않은가?
참나를 망각하게 된다.
자신이 자신을 의심하게 된다.

본래 상주하는 진리인 자신을 망각하고,

본래 상주하는 진리를 찾아 헤매게 된다.
소를 타고 소를 찾게 된다.
본래 상주하는 진리인 '참나'를 보지 못하게 된다.

서암이 우두커니 생각에 잠겼다.

서암은 판단이 서지 않는다.
머릿속이 이래저래 복잡해진다.
본래 상주하는 진리가 움직인다는 것이 말이 되는가?
영원히 머무르는 자리가 어떻게
움직일 수 있다는 말인가?

그러나 내가 그 자리를 놓친 것도
분명 사실이지 않은가?
내가 움직이지 않았다면
어찌하여 그 자리를 보지 못하는 것인가?
도통 머리로는 이해할 수가 없다.

서암은 암두에게 제대로 낚이고 말았다.
형상에 형상을 보태고
개념에 개념을 보태며,
'함정'에 깊이 빠지고 말았다.

암두가 말하였다.

"내 말을 긍정하면 속세를 벗어나지 못할 것이고,
부정하면 영원히 생사의 세계에 빠지게 될 것이다."

서암이여,
그 자리에서 단박에 벗어나라!
그 자리는 그대를 더욱 옭아맬 것이다.
나의 말에 속지 말라!
내 말을 긍정하지도 말고
부정하지도 말라!

그대가 본래 상주하는 진리에서
움직였다는 나의 말을 긍정한다면,
그대는 영원히 본래의 자리에 돌아갈 수 없을 것이다.
또한 나의 말을 부정한다면,
그대는 '망상'을 본래 상주하는 자리로 오인하게 될 것이다.

도대체 어떻게 해야 하는가?
그냥 내려놓아라!
긍정도 하지 말고 부정도 하지 말라!
이럴까 저럴까 하는 일체의 판단을 중지하라.
그냥 "모르겠다!"라고 선언하라.
오직 모를 뿐이다!
오직 순수하게 알아차릴 뿐이다!

그대는 이미 본래 상주하는 진리이다.
그대가 이미 본래 상주하는 그 자리이기에
의문도 일어날 수 있고,
고민도 일어나는 것이다.
모든 움직임은 움직이지 않음에
근거하여 생겨나는 법이다.

본래 상주하는 진리에 대해
의문이 나는 것을 알아차리는 자는 누구인가?
본래 상주하는 진리에서
움직였다는 사실을 알아차리는 자는 누구인가?

움직이고 움직이지 않음을
알아차리는 그 자리는 움직이는 법이 없다.
그러니 '본래 상주하는 자리'라고 하는 것이다.
이 자리를 놓치지 말라.
이 자리야말로 그대의 본체이다.

그대 내면에 이러한 '순수한 알아차림'이
끊어진 적 있는가?
언제나 그대의 내면에 상주하면서,
생각이 일어나는 것을 알아차리며
생각이 사라지는 것을 알아차리는 그 자리,
그 자리야말로 '본래 상주하는 진리'가 아니겠는가?

그러니 본래 상주하는 진리를 알고 싶다면
그냥 그대 자신으로 존재하면 된다.
생각을 내려놓고
'순수한 알아차림' 그 자체로 존재하면 그만이다.
도대체 무엇을 고민하고 있는가?

본래 상주하는 진리가 무엇인지 고민하지 말라.
본래 상주하는 진리에서
움직였다고 고민하지도 말라.
고민하는 그 자리가
바로 본래 상주하는 진리이다.

"움직였다!"라는 생각에도 매몰되면 안 된다.
그것 역시 생각일 뿐이다.
"움직였다!"라는 생각이나
"참나를 놓쳤다!"라는 생각을 내려놓아라.
생각은 생각을 낳을 뿐이다.
생각을 내려놓아야 진리가 열린다.

생각에 매몰되었다고 느끼는 순간,
"모른다!"라고 염念하며
다시 생각을 알아차리는 자로 돌아오라.
방법은 아주 간단하다.

마음의 방향을 바꿔주기만 하면 된다.
'글자'에 집중하던 마음을
'텅 빈 여백'으로 돌려주기만 하면 된다.
글자가 우리의 '생각'이라면
여백은 우리의 '본래면목'이다.

모든 것은 거기서 일어나고 사라진다.
여백을 잃어버리는 순간
우리는 어떠한 글자도 더 쓸 수 없게 된다.

여백이 있기에 우리는
무수한 글을 쓸 수 있는 것이다.
여백을 잃어버리는 순간 우리의 삶은
숨통이 막히게 된다.
삶의 길을 잃어버리게 된다.

차가 몇 대만 다니는 한가로운 도로,
여백을 잃어버리지 않은 도로에는 문제가 없다.
그러나 차가 막혀 정체된 도로,
여백을 잃어버린 도로에는 답이 없다.

답이 없는 우리의 마음을
다시 소생시키는 최고의 요령은
바로 '텅 빈 여백'을 되찾는 것이다.

우리의 마음을 '초기화' 하는 것이다.

그냥 '여백'을 인식하기만 하면 된다.
우리가 생각에 도취해 망각하고 있었을 뿐,
여백은 항상 여기 있었다.
참나는 항상 여기 있었다.

'생각하는 자'가 아닌
생각을 '알아차리는 자'로 존재하라!
그러면 우리의 마음에는 여백이 생길 것이며
우리의 생각들은 숨통이 트일 것이다.

막혔던 정체는 알아서 풀릴 것이며,
우리 삶의 장벽들은 어느덧
저만치 뒤로 가 있을 것이다.
삶의 진정한 '주인공'으로 거듭나게 될 것이다.

5

낭야, 산하대지는 왜 생기는가

한 스님이 낭야琅瑘 혜각慧覺● 화상에게 물었다.
"청정한 본래 상태에서
어떻게 홀연히 산·하천과 대지가 생겨난 것입니까?"

혜각이 말하였다.
"청정한 본래 상태에서
어떻게 홀연히 산·하천과 대지가 생겨난 것일까?"

擧 僧問瑘琅慧覺和尙 淸淨本然 云何忽生山下大地 覺云 淸淨本然 云何忽生山下大地

(종용록)

● 낭야혜각瑘琅慧覺(? ~ ?) : 북송 때의 스님으로 서락西洛 사람이며 저주滁州의 낭야산에 머물며 임제종을 드날렸다.

한 스님이 낭야 혜각 화상에게 물었다.
"청정한 본래 상태에서
어떻게 홀연히 산·하천과 대지가 생겨난 것입니까?"

한 스님이 낭야에게 물었다.
낭야여, 산과 하천 그리고 대지가
모두 청정한 '불성' 자리에서 나타난 것이라고 합니다.
도대체 어떻게 그런 일이 일어난 것입니까?

어떻게 청정한 본래 상태에서
온갖 잡스러운 만물이 나타난 것입니까?
도대체 어떻게 청정한 불성에서
온갖 번뇌와 망상이 나타나는 것입니까?

혜각이 말하였다.
"청정한 본래 상태에서
어떻게 홀연히 산·하천과 대지가 생겨난 것일까?"

낭야는 스님의 질문을 그대로 돌려 준다.
도대체 왜 청정한 본래 상태에서
홀연히 산과 하천 그리고 대지가 생겨난 것일까?

그대는 나에게 질문하기 전에는
한 물건도 담지 않은 '청정한 본래 상태'였다.

四 일체의 형상을 초월하라

그런데 돌연히 마음에 산과 하천, 대지의 형상을 일으켰다.
그리고는 나에게 도대체 어떻게
본래 상태에서 산과 하천, 대지가 생겨날 수 있냐고 묻는다.

나는 그대에게 묻고 싶다.
도대체 그대는 어떻게 청정한 본래 상태에서
산과 하천, 대지의 형상을 일으켰는가?
그대의 마음에서 일어난 변화를 주목하라!
그 안에 그대가 찾는 답이 있다.

일체의 형상을 내려놓고 가만히 존재하라.
그 순간 그대는 '청정한 본래 상태'이다.
한 생각을 일으켜 일체 만물의 형상을 지어 보라.
그 순간 홀연히 산과 하천, 대지가 나타날 것이다.

그대의 마음속에 존재하지 않는 것을
그대는 인식할 수 없다.
실제 바깥에 존재하는 사물이라고 하더라도
그대의 마음에 떠오르지 않는다면
그 사물이 무슨 의미를 지니겠는가?

그대가 말하는 산과 하천, 대지는
모두 그대의 마음속에 떠오른 '형상'들일 뿐이다.
그대가 오감과 의식을 통해 인지하는

마음속의 형상들일 뿐이다.

한 생각도 일어나기 전,
하나의 형상도 생겨나기 전,
그대는 '청정한 본래 상태'였다.
그런데 그대의 마음에 한 생각이 일어나고,
하나의 형상이 자리 잡는 순간,
'천지만물'이 생겨나게 된다.

모두 그대 '마음'의 문제이다.
일체는 그대의 마음이 짓는 것이다.
그대가 인식하는 모든 것은,
그대에게 의미를 지니는 모든 존재들은,
모두 그대 마음속에 존재하는 '형상'들일 뿐이다.

그러한 형상이 어디서 일어났는지,
어떻게 발생했는지를 알고 싶다면,
그대의 마음을 관찰하라.
일체의 형상을 무시하고
텅 비되 알아차리는 상태로 존재해 보라.
그 상태가 바로 청정한 본래 상태이다.

그 상태에서 한 생각을 일으켜 보라.
하나의 형상을 지어 보라.

웅장하고 청명한 산을 생각해 보라.
졸졸 흐르는 하천을 생각해 보라.
탁 트여 넓고 넓은 대지를 생각해 보라.
그 순간 그대의 마음에 '형상'이 자리 잡는다.

이러한 방식으로
청정한 본래 상태에서
산과 하천, 대지가 만들어진다.
일체는 그대의 마음속에서
만들어지고 허물어진다.

6 경청, 아직 살아 있는가

한 스님이 경청鏡清에게 물었다.
"배우는 제가 안에서 쪼겠으니,
청컨대 스승님께서 밖에서 쪼아 주십시오."
경청이 대답하였다.
"그러고도 아직 살아 있는가?"

스님이 말하였다.
"살아 있지 못하다면, 사람들에게 비웃음을 당하겠지요."
경청이 말하였다.
"이놈 참 별 볼일 없는 놈이군."

擧 僧問鏡清 學人啐 請師啄 清云 還得活也無 僧云 若不活 遭人怪笑 清云 也是草裏漢

(벽암록)

● 경청도부鏡清道怤(863~937) : 설봉의존雪峯義存의 법을 계승하였다.

한 스님이 경청에게 물었다.
"배우는 제가 안에서 쪼겠으니,
청컨대 스승님께서 밖에서 쪼아 주십시오."

한 스님이 경청에게 간청한다.
경청이여, 제가 껍질을 깨고 거듭나고 싶습니다.
업장의 껍질에 갇혀 버린
저의 '불성'을 온전히 되찾고 싶습니다.

제가 안에서 껍질을 쪼겠으니
스승께서는 밖에서 껍질을 쪼아 주십시오.
이 양면 작전이 성공하면
저는 부처의 경지에 이를 수 있을 것입니다.

경청이 대답하였다.
"그러고도 아직 살아 있는가?"

그대는 뭔가 착각을 하고 있다.
그대의 '불성'에는 안과 밖이 없다.
불성은 모든 형상과 개념을 초월하는 자리이며,
형상과 개념에 오염되지 않은 순수한 자아이다.

도대체 어디가 '안'이고
어디가 '밖'이란 말인가?

불성에는 본래 안과 밖이 없다.
안과 밖에 집착하는 그대는 이미 죽은 목숨이다.

안과 밖으로 쪼개져 있는데
어떻게 살아 있다고 말할 수 있겠는가?
그대는 그대가 온전히 살아 있는지 돌아보라.
안과 밖으로 분열된 그대의 마음을
틈이 없이 막아 보라.

그대여, 껍질은 본래 존재하지 않는다.
그대의 불성은 껍질에 갇힌 적이 없다.
어떻게 낮은 차원이 높은 차원을 가둘 수 있겠는가?

불성은 애초에 안과 밖이라는 형상에 걸리지 않는다.
그물에 걸리지 않는 바람처럼 말이다.
그러니 곧장 안과 밖을 초월하여 존재하는
한 덩어리의 마음인 본래면목을 되찾아 보라.

온전히 한 덩어리로 살아나고 싶다면
지금 당장 모든 것을 내려놓아야 한다.
그대에게 도움이 되지 않는
쓸데없는 형상과 개념들을 내려놓아야 한다.

오직 모를 뿐이다!

일체의 형상을 무시하고
그냥 알아차리기만 하라!
마음속에 어떠한 형상이 나타나든 그것을 무시하고,
오직 순수하게 '알아차리는 자'로서만 존재하라!

스님이 말하였다.
"살아 있지 못하다면, 사람들에게 비웃음을 당하겠지요."

그 스님은 경청의 말을 이해하지 못한다.
경청의 친절한 도움을 받아들이지 못한다.
경청이여, 밖에서 저를 원조해 달라고 했는데
도대체 왜 이런 질문을 하시는 것입니까?

살아 있는지는 왜 물으시는 것입니까?
저는 여기 이렇게 살아 있습니다.
비록 껍질에 갇혀 있기는 하지만
여기 이렇게 살아 있습니다.
껍질에서 벗어나고자 이렇게 애를 쓰고 있습니다.

제가 이렇게 애를 쓰지 않는다면
남들의 비웃음을 받아 마땅합니다.
그러나 저는 여기서 이토록 노력하고 있습니다.
그러니 저를 무시하지 마십시오.
저는 여기 이렇게 살아 있습니다.

스님이 밖에서 도와주시기만 하면 됩니다.
그러면 저는 껍질을 깨고 나갈 수 있습니다.
빨리 도와주셔야 합니다.
그래야 이 껍질을 빠져나갈 수 있습니다.

도대체 왜 필요한 도움은 주시지 않고
의미 없는 질문만 하시는 것입니까?
도저히 이해할 수가 없습니다.
스승이여, 빨리 밖에서 도와주십시오.

경청은 '참나의 살아 있음'을 말하는데
스님은 '에고의 살아 있음'을 말한다.
경청은 '껍질을 초월한 살아 있음'을 말하는데
스님은 '껍질에 갇힌 살아 있음'을 말한다.
이것이 스님과 경청의 차이이다.

경청이 말하였다.
"이놈 참 별 볼일 없는 놈이군."

그대는 끝까지 '형상'을 붙들고 놓지 않는구나.
참으로 별 볼 일 없는 놈이다.
도와달래서 손수 도움을 주었더니
여전히 형상에 집착하여 헛소리만 해 대고 있다.

그대는 이미 죽은 목숨이다.
그대가 다시 살고자 한다면
부둥켜안고 있는 온갖 형상들을 내려놓아야 한다.
그래야만 단 한 순간도 안과 밖으로
분리된 적이 없는 그대의 '참나'를
되찾을 수 있을 것이다.

7

임제, 무위진인도 똥 막대기일 뿐

임제臨濟가 대중에게 설법하였다.
"하나의 '자리가 없는 참사람'(無位眞人)이 있어서,
늘 너희들의 얼굴을 드나들고 있다.
아직 이것에 대한 확증을 얻지 못한
초심자들은 잘 살펴보라."

이 때 한 스님이 물었다.
"도대체 어떠한 것이 무위진인입니까?"
임제가 법상에서 내려와 스님을 꽉 움켜잡으니,
스님이 우물쭈물하였다.

임제가 스님을 확 밀어 버리면서 말하였다.
"무위진인이라니,
무슨 똥 묻은 막대기냐?"

● 임제의현臨濟義玄(?~867) : 임제종臨濟宗의 개조로 황벽희운黃檗希運의 법을 계승하였다.

擧 臨濟示衆云 有一無位眞人 常向汝等面門出入 初心未證據者看看 時有僧問 如何是無位眞人 濟下禪床擒住 這僧擬議 濟托開云 無位眞人 是甚乾屎橛

(종용록)

四 일체의 형상을 초월하라

임제가 대중에게 설법하였다.
"하나의 '자리가 없는 참사람'(無位眞人)이 있어서,
늘 너희들의 얼굴을 드나들고 있다.
아직 이것에 대한 확증을 얻지 못한
초심자들은 잘 살펴보라."

우리는 늘 보고 들으며
현상계의 정보를 얻고 종합한다.
우리가 아는 현상계는
우리가 '오감'으로 읽어 낸
'형상'(相)들의 조합일 뿐이다.

그렇다면 현상계를 이해하는
핵심이 되는 '오감'은
과연 스스로 존재할 수 있는가?
그렇지 않다!
오감은 늘 일어나고 사라진다.

시각도 일어났다 사라지며,
청각도 일어났다 사라진다.
생시에는 나타났던 오감도
잠이 들면 사라지고 만다.
영원한 감각은 없다.
늘 오고 가는 것이 오감의 특징이다.

이에 비해 언제나 사라지지 않는
'한 자리'가 있다.
시각이 일어날 때 일어나는 줄 알아차리는 자리,
청각이 나타날 때 나타나는 줄 알아차리는 자리.

이 자리만은 사라지지 않는다.
우리가 태어나서 죽을 때까지
오직 이 자리만 영원하고 불멸한다.
이 자리는 결코 '현상계'의 형상이 아니다.

'오감'도 우리 마음의 일시적인 형상일 뿐이며,
'감정'도 우리 마음의 일시적인 형상일 뿐이다.
또한 '생각'도 우리 마음의 일시적인 형상일 뿐이다.

일어났다가 사라지며,
시시각각 수없이 모습을 바꾸며 등장하는,
일시적인 '형상'(相)일 뿐인 것이다.

하지만 이 '순수한 알아차림'의 자리인,
우리의 '본래면목'은 현상계의 형상이 아니다.
일어났다가 사라지지도 않으며,
시시각각 모습을 바꾸며 등장하지도 않는다.
오직 알아차릴 뿐이다!
그러니 임제는 이 자리에 대해

'자리'(位)가 없다고 하는 것이다.

'자리'란 현상계 안의 자리를 말한다.
시간상·공간상의 자리를 말한다.
그러니 "자리가 없다!"라는 것은,
시간과 공간을 초월하여
존재한다는 것을 말한다.

'자리가 없는 참사람'이란,
시공을 초월하여 존재하는
우리의 본래면목인
'순수한 알아차림'을 말한다.

자리를 초월한 순수한 알아차림이
어떻게 얼굴을 드나들 수 있겠는가?
그것은 얼굴을 통해 보고 듣는 '오감'이
모두 '참나의 나툼'일 뿐이라는 것을 말한 것이다.

우리가 얼굴로 보고 들을 수 있는 것은
모두 순수한 알아차림인 '참나'가 작용하기 때문이다.
참나가 작용하지 않는다면
어떻게 보고 들을 수 있겠는가?
이것을 임제는 '참나'가 얼굴을 통해
드나든다고 말한 것이다.

임제는 말한다.
그대들이 내 강의를 듣고 있는
지금 이 순간,
내 강의를 듣고 보느라
분주히 움직이는 그대들의 오감은,
사실 현상계를 초월하여 존재하는
'참사람의 나툼'일 뿐이다.

이 때 한 스님이 물었다.
"도대체 어떠한 것이 무위진인입니까?"

한 스님이 임제의 말에 집착하여
본질을 놓치고 형상에 낚이고 말았다.
임제여, 도대체 '무위진인'은 무엇입니까?
임제가 참나는 '자리'가 없다고 그렇게 말했건만,
이 스님은 참나의 자리를 찾고 있다.
도대체 무엇을 내놓으란 말인가?

임제가 법상에서 내려와 스님을 꽉 움켜잡으니,
스님이 우물쭈물하였다.

임제는 직접 손을 쓰기로 했다.
그대여,'무위진인'이라는 '개념'에 집착해서는 안 된다.
중요한 것은 개념이 아니다.

그대가 개념에 집착하는 한,
현상계의 '자리'에 떨어지고 만다.

'무위진인'에 대한 개념적 이해가
중요한 것이 아니다.
중요한 것은 바로 그대가
무위진인으로 존재하는 것이다!

임제 스님이 법상에서 내려와 스님을 꽉 움켜쥐자,
스님의 우물쭈물하는 망상이 날아가 버렸다.
천지사방을 이리저리 헤매고 다니던
그의 정신이 지금 이 순간
바로 이 자리에 '한 점'으로 모였다.

일체의 개념이 사라지고,
오직 또렷한 '알아차림'만 흐르게 되었다.
임제 스님의 움켜쥠에
스님의 개념과 형상이 날아가 버렸다.

임제가 스님을 확 밀어 버리면서 말하였다.

그대여, 바로 이것이다!
이 자리를 절대로 놓치지 말라!
방금처럼 오직 하나로 모여서 생생하던

그 마음자리만을 잃어버리지 말라.
알았으면 가 보라.

"무위진인이라니,
무슨 똥 묻은 막대기냐?"

임제 스님은 참으로 친절하다.
이미 충분히 설법이 끝났으나,
다시 한 번 강조한다.
바로 그 자리이다.
방금 그 자리만 잃어버리지 말라.

거기에 이런저런 '개념'과 '형상'을 붙이지 말라.
개념과 형상이 생기면
'자리'(位)에 떨어지고 만다.
'자리를 초월한 참사람'을 놓치고 만다.

일체의 개념과 형상에 대해
오직 모른다고 하라!
오직 모를 뿐인 그 마음을 잃어버리지 말라.
생각이 일어나기 이전의 마음인
'순수한 알아차림'을 잃어버리지 말라.

'무위진인'이라는 생각도 일으키지 말라.

무위진인도 마음의 개념·형상에 불과하다.

형상에 집착하는 한,
형상을 초월하여 존재하는
'참나'를 잃어버리게 된다.

'무위진인'이라는 개념은
똥이 잔뜩 말라붙어 있는 '똥을 푸는 막대기'와 같다.
도대체 그런 더러운 물건을
무엇하러 붙들고 있는가?
당장 던져 버려라!
당장 내다 버려라!

8

문수, 삼매에 든 여인

옛날 여러 부처님들이 모인 자리에 문수보살이 찾아오자,
세존께서 그 자리에 모여 있던 여러 부처님들을
각자 자신의 처소로 돌아가게 하였다.
이때 한 여인이 부처님 옆에 앉아서 삼매에 들어 있었다.

문수가 부처님께 아뢰었다.
"저 여인은 부처님 옆에서 삼매에 들 수 있는데,
저는 왜 그럴 수 없는 것입니까?"
부처께서 문수에게 말씀하셨다.
"그대가 저 여인을 깨워서,
그녀가 삼매에서 깨어나거든 그대가 직접 물어보라."

문수가 여인의 주위를 세 번 돌고는
손가락을 한 번 튕겨 소리를 냈다.
또한 범천까지 그녀를 밀기도 하고,
그녀를 깨우기 위해 온갖 신통력을 다하였다.
그러나 그녀는 삼매에서 나오지 않았다.

세존이 말씀하셨다.

"설령 백 명 천 명의 문수보살이 오더라도
또한 저 여인을 삼매에서 나오게는 못할 것이다.
땅 속으로 갠지스강의 모래알과 같은 국토를
12억 개나 지나가면 '망명罔明'이라는 보살이 있는데,
그 보살이 능히 저 여인을 깨울 수 있다."

그러자 잠깐 사이에 망명보살이 땅속에서 솟아 나오더니
세존께 예배를 올렸다.
세존께서 망명에게 여인을 깨우라고 하니,
여인의 앞에 이르러 손가락을 한 번 튕겨 소리를 내자,
여인이 삼매에서 나왔다.

世尊昔因文殊至諸佛集處 值諸佛各還本處 惟有一女人 近彼佛坐入 于三昧 文殊乃白佛 云何女人得近佛坐 而我不得 佛告文殊 汝但覺此 女 令從三昧起 汝自問之 文殊遶女人三匝 鳴指一下 乃托至梵天 盡 其神力 而不能出 世尊云 假使百千文殊亦出此女人定不得 下方過 一十二億河沙國土 有罔明菩薩 能出此女人定 須臾罔明大士從地湧 出 禮拜世尊 世尊敕罔明 卻至女人前 鳴指一下 女人于是從定而出
(무문관)

옛날 여러 부처님들이 모인 자리에 문수보살이 찾아오자,
세존께서 그 자리에 모여 있던 여러 부처님들을
각자 자신의 처소로 돌아가게 하였다.
이때 한 여인이 부처님 옆에 앉아서 삼매에 들어 있었다.

이 이야기는 『제불요집경諸佛要集經』에
근거한 이야기이다.
어느 때 여러 부처님들이 모인 자리에
문수보살이 찾아왔는데,
이때 한 여인이 부처님 곁에서
깊은 삼매에 들어 있었다.

'삼매'란 일체의 형상을 모두 잊어버리고
청정한 본래면목인 '참나'로서 존재하는 것을 말한다.
그 자리에 어찌 시간과 공간, 나와 남,
부처와 중생이 존재할 수 있겠는가?

오직 모를 뿐이며,
오직 알아차릴 뿐이다!
단 한 순간도 오염된 적이 없는
청정한 '알아차림'만이 가득할 뿐이다.

부처 곁에서 삼매에 들 수 있는
이 여인은 참으로 대단하다.

바깥에 존재하는 '부처'를 버리고
내면의 '부처'에 깊이 몰입할 수 있으니 말이다.

우리는 부처라는 '형상'에 집착하여,
자신의 내면에 찬란하게 존재하는
'부처' 자리를 소홀히 한다.

그러나 이 여인은 그렇지 않다.
'부처'라는 형상마저 모두 던져 버리고,
오직 모를 뿐의 마음으로
자신의 내면에 깊이 안주하고 있다.

문수가 부처님께 아뢰었다.
"저 여인은 부처님 옆에서 삼매에 들 수 있는데,
저는 왜 그럴 수 없는 것입니까?"
부처께서 문수에게 말씀하셨다.
"그대가 저 여인을 깨워서,
그녀가 삼매에서 깨어나거든 그대가 직접 물어보라."

문수는 '부처'라는 형상에 집착하고 있다.
부처라는 형상에 대해 경외하고 있다.
문수는 이해가 되지 않는다.
도대체 이 여인은 어떻게 '부처' 옆에서
삼매에 들 수 있는가?

자신은 부처 곁에 있기만 해도
경탄의 마음과 존경의 마음이 요동하는데,
어떻게 부처도 잊어버리고
삼매에 들어갈 수 있다는 말인가?

문수가 여인의 주위를 세 번 돌고는
손가락을 한 번 튕겨 소리를 냈다.
또한 범천까지 그녀를 밀기도 하고,
그녀를 깨우기 위해 온갖 신통력을 다하였다.
그러나 그녀는 삼매에서 나오지 않았다.

문수는 삼매에 든 여인을
깨우기 위해 각종 수단을 동원한다.
자신이 가진 모든 신통력을 동원하여
그녀의 마음을 흔들고자 하였다.

그러나 요지부동이다.
문수의 온갖 신통력은
그녀의 삼매 앞에서 무용지물이었다.

그녀는 지금 이 순간,
일체의 '형상'을 초월해 존재한다.
그런데 문수는 각종 형상을 지닌
신통력으로 그녀를 흔들어 깨우고자 한다.

어떻게 이런 일이 가능하겠는가?
어떻게 '형상'을 가지고 '허공'을 더럽힐 수 있겠는가?

세존이 말씀하셨다.
"설령 백 명 천 명의 문수보살이 오더라도
또한 저 여인을 삼매에서 나오게는 못할 것이다.
땅 속으로 갠지스강의 모래알과 같은 국토를
12억 개나 지나가면 '망명'이라는 보살이 있는데,
그 보살이 능히 저 여인을 깨울 수 있다."

그대가 형상에 집착하는 한
백 명 천 명이 오더라도 소용이 없을 것이다.
그녀가 머무는 '본래면목'의 자리에는
나와 남이 없고, 신통력도 없으며,
범천과 속세의 구분도 없고,
부처와 중생의 구분도 없다.

단 한 순간도 오염된 적이 없는
'순수하고 청정한 알아차림'만이 가득하다.
일체의 형상을 초월하여 존재하는
'텅 비되 광명한 알아차림'만이 가득하다.

석가모니는 문수에게 말한다.
그녀를 깨울 수 있는 존재는,

오직 저 깊은 땅속에 사는
일체의 형상에 대한 구분이 없는
'망명罔明'이라는 보살밖에 없다.

도대체 '문수'라는 대보살도
깨울 수 없는 그녀를,
무슨 수로 천지분간도 못할 정도로 깊은 땅속에 사는
'망명'보살은 가능하다는 말인가?

'망명罔明'이라는 이름에 그 답이 있다.
깊은 땅속에 산다는 것은
일체의 형상을 구별하지 못한다는 것이며,
이름이 '망명罔明'(밝음이 없음)인 것은
일체의 형상에 대한 분별이 없음을 의미한다.

그러자 잠깐 사이에 망명보살이 땅속에서 솟아 나오더니
세존께 예배를 올렸다.
세존께서 망명에게 여인을 깨우라고 하니,
여인의 앞에 이르러 손가락을 한 번 튕겨 소리를 내자,
여인이 삼매에서 나왔다.

오직 망명보살만이
깊은 삼매에 들어간 그녀를 깨울 수 있는 것이다.
일체의 형상을 잊어버린

그녀를 깨우기 위해서는
깨우려는 자 또한 형상을 모두 잊어야 하는 것이다.

오직 동일한 것만이
동일한 것을 이해할 수 있다.
오직 형상을 잊은 자만이
형상을 잊은 자를 깨울 수 있는 것이다.

문수가 그 여인을 깨우기 위해서는
'망명'처럼 일체의 형상을 내려놓아야 한다.
'부처'라는 형상도 내려놓아야 한다.
조금이라도 밝은 분별이 있어서
개념적 사유를 멈추지 않는 한,
문수는 영원히 부처의 경지에 이르지 못할 것이다.

9

파초, 주장자가 있는가

파초芭蕉 화상이 대중에게 말하였다.
"그대들에게 주장자가 있다면,
내가 그대들에게 주장자를 주겠다.

그대들에게 주장자가 없다면,
내가 그대들의 주장자를 뺏을 것이다."

芭蕉和尙示衆云 爾有拄杖子 我與爾拄杖子 爾無拄杖子 我奪爾拄
杖子
(무문관)

● 파초혜청芭蕉慧淸(? ~ ?) : 신라의 승려로서 위앙종의 남탑광용南塔光涌의 법을 계승하였다.

파초 화상이 대중에게 말하였다.
"그대들에게 주장자가 있다면,
내가 그대들에게 주장자를 주겠다.

'주장자'란 우리의 '불성'을 상징하는 말이다.
선사들은 자신들이 들고 있던
주장자로 곧장 사람들의 마음을 열어 주었다.

주장자를 치켜들고
그것에 대중들의 이목을 집중하게 함으로써,
주장자를 알아차리는 자인 '본래면목'을 일깨워 주었다.
그래서 흔히 불성을 '주장자'라고 표현한다.

파초가 대중에게 묻는다.
그대들은 각자의 '주장자'를 가지고 있는가?
만약 그대들이 주장자를 가지고 있다면
내가 주장자를 주겠다.

파초의 수수께끼 같은 선문답은
과연 무엇을 의미하는가?
'불성'을 가지고 있다고 말하는 것은
불성을 주고받을 수 있는
하나의 '형상'으로 여기는 것이다.

본래 불성은 '있다·없다'라는
형상을 초월하여 존재한다.
그러나 불성을 '있음'이라는 형상에 가두는 순간,
불성은 형상으로 전락하고 만다.
우리 마음의 '뿌리'가
마음의 '대상'으로 격하된 것이다.

파초는 말한다.
그대가 주장자를 가지고 있다고 말하는 것은,
'주장자'라는 하나의 형상을
가지고 있는 것을 말한다.
얻을 수도 잃어버릴 수도 있는 형상 말이다.

참다운 주장자는 얻을 수도 없으며
남에게 줄 수도 없다.
그런데도 주장자를 얻어 가지고 있다고 말한다면
그대는 주장자라는 '형상'을
참다운 주장자로 오인하고 있는 것이다.

얻어 가질 수 있는 '형상'으로서의
주장자라면 내가 얼마든지 더 줄 수 있다.
물론 그대의 불성인 참다운 주장자는,
내가 결코 그대에게 줄 수 없으며
그대 또한 나에게 받을 수 없다.

그러나 하나의 형상을 가지고 말한다면,
얼마든지 줄 수 있으며
얼마든지 받을 수 있다.
어떠한가? 주장자를 내게서 받겠는가?

그대들에게 주장자가 없다면,
내가 그대들의 주장자를 뺏을 것이다."

이번엔 파초가 반대 상황을 묻는다.
그대들은 '주장자'를 가지고 있는가?
만약 그대들이 주장자를 가지고 있지 않다면
내가 그대들의 주장자를 뺏어 버리겠다.

이 소리는 또 무슨 소리인가?
만약 주장자를 가지고 있지 않다고 여기는 사람이 있다면,
자신의 '불성'을 잃어버릴 수도 있다고 보는 것이다.

아직 깨치지 못했을 뿐,
불성이 단 한순간도 우리를 떠난 적이 없다는
사실을 알지 못하는 것이다.
그는 불성을 얻고 잃어버릴 수 있는
하나의 '형상'으로 여기는 것이다.

불성은 '있다·없다'라는 형상을 초월하여 존재한다.

불성이 없다는 망상을 피울 수 있는 것도,
모두 내면에 '순수한 알아차림'의 자리인
불성이 생생히 살아 있기에 가능한 것이다.

그런데도 자신에게 불성이 없다고 여긴다면,
불성을 잃어버릴 수도 있는
하나의 '형상'으로 보고 있는 것이다.
그러한 형상으로서의 주장자라면
얼마든지 남이 뺏어 갈 수 있을 것이다.

파초는 말한다.
그대가 주장자를 가지고 있지 않다고 한다면,
그것은 그대가 주장자를
잃어버릴 수 있는 하나의 '형상'으로 보고 있는 것이다.
그러니 그대가 혹 주장자를 얻게 된다면
내가 그것을 빼앗아 버릴 것이다.

주장자가 '있음·없음'을 초월한 본래면목이라면
나는 결코 그대의 주장자를 빼앗을 수 없다.
그러나 하나의 '형상'으로서의 주장자라면,
얼마든지 빼앗아 갈 수도 있으며
얼마든지 그대에게 줄 수도 있다.

그러니 그대는 결코 얻을 수도 없고

잃어버릴 수도 없는,
그대의 참다운 주장자를 되찾아야 한다.

그대는 결코 그대의 주장자를 얻을 수 없다.
또한 결코 그대의 주장자를 잃어버릴 수도 없다.
그대의 주장자는 항상 여여如如하다.
모든 생각이 사라지고
모든 형상이 사라진 뒤,
남아 있는 '순수한 알아차림'이 바로 그대의 주장자이다.

이 자리를 어떻게 얻을 수 있겠는가?
이 자리를 어떻게 잃어버릴 수 있겠는가?
그대의 모든 생각, 모든 감정,
모든 오감이 짓는 '형상'은
모두 이 자리에서 일어나고 사라진다.

모든 형상의 뿌리가 되는 이 자리는,
절대로 얻을 수도 없고
절대로 잃어버릴 수도 없다.
이것이 그대의 '주장자'이다.
항상 이 자리를 잊지 말아야 할 것이다.

五 지금 이 순간을 살아라

운암, 이것은 몇 번째 달인가

설봉, 남산의 독사 한 마리

취암, 눈썹이 남아 있는가

청림, 지독한 독기로다

남전, 평상심 그대로가 도다

운문, 날마다 좋은 날

1

운암, 이것은 몇 번째 달인가

운암雲巖*이 마당을 쓸고 있는데
도오道吾**가 말하였다.
"아주 열심이네."
운암이 말하였다.
"열심히 하지 않는 자도 있는 줄을 알아야 합니다."

도오가 말하였다.
"그렇게 말하는 것은 2번째 달을 세우는 것이다."
운암이 빗자루를 치켜세우고 물었다.
"이것은 몇 번째 달입니까?"
도오는 침묵하였다.

현사가 말하였다.
"그것이 바로 2번째 달이다."

● 운암담성雲巖曇晟(782~841) : 약산유엄藥山惟儼의 법을 계승하였다. 조동종의 개조인 동산양개洞山良价의 스승이다.
●● 도오원지道吾圓智(769~835) : 약산유엄의 법을 계승하였다.

운문이 말하였다.

"하인이 여자 종을 보면 알랑거리는 법이지."

舉 雲巖掃地次 道吾云 太區區生 巖云 須知有不區區者 吾云 恁麼則有第二月也 巖提起掃箒云 這箇是第幾月 吾便休去 玄沙云 正是第二月 雲門云 奴見婢殷勤

(종용록)

**운암이 마당을 쓸고 있는데 도오가 말하였다.
"아주 열심이네."**

열심히 마당을 쓸고 있는 운암을 보고
사형인 도오가 수작을 건다.
운암을 낚으려고 미끼를 던진다.

운암이여, 아주 열심히 청소를 하는구나!
그런데 그대는 혹시 '청소'라는 형상에 푹 빠져
그대의 내면을 놓쳐 버린 것은 아닌가?
청소를 열심히 해야 한다는 것에
너무 집착하고 있는 것은 아닌가?

청소를 하건 청소를 하지 않건
'오직 모를 뿐'의 마음을 견지해야 한다.
청소에 집착하여 애가 타서는
형상에 빠지게 될 뿐이다.
어떤가, 그대는 온전한가?

**운암이 말하였다.
"열심히 하지 않는 자도 있는 줄을 알아야 합니다."**

운암이 답한다.
그대는 이렇게 열심히 청소를 하는 중에도,

청소에 전혀 빠지지 않은 자도 있음을 알아야 합니다.
내면의 '참나'는 내가 청소를 하건
청소를 하지 않건 늘 여여如如합니다.
조금도 변동됨이 없습니다.

운암이 도오의 수작에 말려들었다.
청소할 때는 청소에 몰입할 뿐이다.
도오의 수작에 넘어갈 필요가 없다.
오직 텅 비어 여여한 마음으로
청소를 하면 그뿐이다!

도오가 말하였다.
"그렇게 말하는 것은 2번째 달을 세우는 것이다."

도오가 운암의 대답을 빌미로
한 번 더 미끼를 던진다.
청소하는 너 밖에 '참나'가 따로 있다니,
그것은 자신의 밖에 참나라는 '형상'을 세운 것이다.

현실에 존재하지 않는 허상인
'2번째 달'과 같은 '형상'(相)을 따로 세운 것이다.

그대는 '참나'는 고요하고 여여한 것이라는
형상과 개념에 집착하고 있다.

아무래도 그대는 본질을 놓친 것 같다.
청소에 정신을 잃은 것 같다.

운암이 빗자루를 치켜세우고 물었다.
"이것은 몇 번째 달입니까?"

운암이 무심으로 빗자루를 치켜들고 묻는다.
나는 여여하게 청소를 했을 뿐,
공연히 '형상'을 세우는 것은 바로 그대이다.
그대가 그렇게 형상 세우기를 좋아하니 묻겠다.
이 '빗자루'는 몇 번째 형상이냐?
눈앞에 있는 이 물건이 빗자루인가? 아닌가?

'빗자루'라고 해도 형상에 집착한 답이니
그대가 말한 두 번째 달이 될 것이며,
빗자루가 아니라고 해도
역시 '빗자루'라는 형상에 걸려 있는 답이니
2번째 달일 뿐이다.
자, 말해 보라! 이것은 도대체 무엇이냐?

도오는 침묵하였다.

도오는 낚싯대를 얼른 던져 버렸다.
'침묵'으로 일체의 형상을 초월하였다.

오직 빗자루와 내가 둘이 아닌 상태로 존재할 뿐이다.

무슨 말이 필요한가?
내가 빗자루고 빗자루가 나이다.
그러기 위해서는 나와 빗자루를 구분하는
우리의 '개념적 분석'을 멈추기만 하면 된다.

애초에 한 덩어리였다.
억지로 한 덩어리로 만드는 것이 아니다.
우주의 만물은 서로 한 덩어리일 뿐이다.
"나다!" "너다!"를 세워 분별하지 않는다면
본래 하나로 돌아갈 뿐이다.

현사가 말하였다.
"그것이 바로 2번째 달이다."

운암의 빗자루를 드는 행위가
바로 2번째 달이란 것이다.
오직 모를 뿐이다.
현상계와 절대계는 본래 하나이다.

일체를 구분하지 말고
여여如如하게 오고 갈 뿐이다.
'개념적 분석'을 내려놓고

오직 모르는 마음으로 청소할 뿐이다.

그냥 청소나 하면 될 일이지,
도오의 말에 반응하여
쓸데없이 빗자루를 들어 보인 행위가
바로 2번째 달을 인정한 꼴이 되는 것이다.

운문이 말하였다.
"하인이 여자 종을 보면 알랑거리는 법이지."

멀쩡히 청소를 잘 하고 있는 운암에게
도오가 가만히 있지 못하고 괜한 수작을 건다.
이것이 하인이 여자 종을 보고
알랑거리는 꼴이다.

유유상종이다.
끼리끼리 놀고 있다.
서로의 속사정에 밝은 사람들끼리
서로 수작하며 즐길 뿐이란 소리이다.

2
설봉, 남산의 독사 한 마리

설봉雪峯이 대중에게 말하였다.
"남산에 독사가 한 마리 있다.
그대들은 조심해야 한다."

장경長慶˙이 말하였다.
"오늘 이 절 안에서도
많은 사람들이 목숨을 잃었습니다."

한 스님이 이 이야기를 현사玄沙˙˙에게 전하자,
현사가 말하였다.
"우리 혜릉(장경) 사형이니까
그렇게 말할 수 있었던 것이다.
그러나 나라면 그렇게 하지 않았을 것이다."

● 장경혜릉長慶慧稜(854~932) : 설봉의존雪峯義存의 법을 계승하였다.
●● 현사사비玄沙師備(835~908) : 복건성 출신으로 설봉의존의 법을 계승하였다. 뒤에 현사원玄沙院
  에서 주석하였다.

스님이 물었다.
"화상께서는 어떻게 하셨겠습니까?"

현사가 대답하였다.
"남산을 무엇하러 들먹이십니까?"

운문雲門은 주장자를 설봉의 면전에 내던지며
두려워하는 시늉을 하였다.

舉 雪峰示衆云 南山有一條鱉鼻蛇 汝等諸人切須好看 長慶云 今日堂中大有人喪身失命 僧擧似玄沙 玄沙云 須是我稜兄始得 然雖如是我卽不恁麼 僧云 和尙作麼生 玄沙云 用南山作麼 雲門以拄杖擿向雪峰面前 作怕勢

(종용록·벽암록)

설봉이 대중에게 말하였다.
"남산에 독사가 한 마리 있다.
그대들은 조심해야 한다."

설봉이 대중에게 겁을 준다.
공연히 '독사'라는 형상(相)을 지어
대중을 시험한다.

내가 보니, 남산에 '독사'가 한 마리 있다.
이 독사는 우리의 '참나'를 잡아먹는 뱀이다.
그 독사에게 한 번 물리면,
그대들의 '본래면목'을 잃어버리게 될 것이다.
그대들의 모든 공부는 수포로 돌아갈 것이다.
어떤가? 겁나지 않은가?

그런데,
혹시라도 내 말을 듣고
두려움을 일으킨 사람들이 있다면,
그들은 '형상'에 취하여 '본질'을 놓친 것이다.
독사에 물려 목숨을 잃어버린 것이다.

누가 과연 형상을 초월하여 자유로운지,
그것을 알기 위해 내가 일부러
이런 이야기를 지어낸 것이다.

어떻게 '참나'를 잃어버릴 수 있겠는가?

과연 나의 이야기를 듣고도
눈 하나 깜짝하지 않는 '자유인'은 누구인가?

장경이 말하였다.
"오늘 이 절 안에서도 많은 사람들이 목숨을 잃었습니다."

장경은 설봉의 말에 속지 않는다.
어디서 허튼 수작을 부리는가?
장경은 설봉이 던진 '독사'라는 형상을
이용하여 설봉의 입을 막아 버린다.

설봉이여, 그러게 말입니다.
당신이 바로 '독사'입니다.
그 독사에 물려 방금 전
많은 사람들이 자신의 본질을 놓쳤습니다.
과연 그 독사가 무섭기는 하군요.

한 스님이 이 이야기를 현사에게 전하자, 현사가 말하였다.
"우리 혜릉(장경) 사형이니까 그렇게 말할 수 있었던 것이다.
그러나 나라면 그렇게 하지 않았을 것이다."

설봉이 장경에게 한 방 먹었구나.

과연 장경 사형이다.
설봉이 던진 함정에 빠지지 않았구나.
그러나 나라면 그렇게 하지 않을 것이다.

스님이 물었다.
"화상께서는 어떻게 하셨겠습니까?"
현사가 대답하였다.
"남산을 무엇하러 들먹이십니까?"

그렇다면 현사 그대라면
어떻게 대답했을 것이란 말인가?
나는 이렇게 대답했을 것이다.
설봉이여, '남산'이라니
이 무슨 허튼수작이십니까?

현사는 단언한다.
내가 그 자리에 있었다면,
'남산'이라는 말이 나오자마자
설봉을 걷어 차 버렸을 것이다!
'남산'이니 '독사'니 하는 형상을
곧장 날려 버렸을 것이다.

운문은 주장자를 설봉의 면전에 내던지며
두려워하는 시늉을 하였다.

장경은 '남산의 독사'라는 형상에
순응하되 집착하지 않았고,
현사는 '남산의 독사'라는 형상을
한 방에 날려 버렸다.

그런데 여기 또 하나의
새로운 방식의 대답이 있다.
설봉의 제자인 운문은
'독사'라는 형상을 역이용한다.

운문은 설봉에게 주장자를 던지고
두려워하는 시늉을 하였다.
설봉이여, 그 독사가 여기 있습니다.
어서 피하십시오!

공연히 '독사'라는 형상을
지어낸 이는 바로 '설봉' 당신이다.
그러니 독사를 두려워해야 할 이도
다름 아닌 설봉 당신뿐이다.
자, 어떻게 할 것인가?
피해 보라, 설봉이여!

3

청림, 지독한 독기로다

한 스님이 청림靑林에게 물었다.
"공부하는 이가 지름길로 가는 경우에는 어떻게 해야 합니까?"
청림이 대답하였다.
"근처에만 가도 사람이 죽는 무서운 독사가 큰 길에 있다.
그대는 절대로 그 독사와 마주치지 말라."

스님이 물었다.
"만약 갈 경우에는 어떻게 해야 합니까?"
청림이 대답하였다.
"목숨을 잃게 될 것이다."
스님이 물었다.
"그 독사와 마주치지만 않으면 되는 것 아닙니까?"
청림이 대답하였다.
"피할 자리가 없다."

● 청림사건靑林師虔(? ~904) : 조동종曹洞宗의 개조인 동산양개洞山良价의 법을 계승하였다.

스님이 물었다.
"도대체 이런 경우엔 어떻게 해야 하는 것입니까?"

청림이 대답하였다.
"잃어버리면 되지."
스님이 물었다.
"도대체 어디로 가 버린 것입니까?"
청림이 대답하였다.
"풀이 무성해서 찾을 수가 없다."

스님이 물었다.
"스님께서도 조심하셔야겠습니다."
청림이 대답하였다.
"지독한 독기로군."

擧 僧問靑林 學人徑往時如何 林云 死蛇當大路 勸子莫當頭 僧云 當頭時如何 林云 喪子命根 僧云 不當頭時如何 林云 亦無迴避處 僧云 正恁麼時如何 林云 卻失也 僧云 未審向甚麼處去也 林云 草深無覓處 僧云 和尙也須隄防始得 林拊掌云 一等是箇毒氣

(종용록)

한 스님이 청림에게 물었다.
"공부하는 이가 지름길로 가는 경우에는 어떻게 해야 합니까?"

한 스님이 청림에게
'공부의 지름길'에 대해 물었다.
청림이여, 저는 남보다 빠르게
공부를 완성하고 싶습니다.
과연 어떻게 해야 하겠습니까?
그 비법을 가르쳐 주십시오.

청림이 대답하였다.
"근처에만 가도 사람이 죽는 무서운 독사가 큰 길에 있다.
그대는 절대로 그 독사와 마주치지 말라."

공부를 '빨리' 이루고 싶다니,
이 무슨 터무니없는 헛소리인가?
하나의 '형상'이라도 더 내려놓아야
본래의 청정함을 속히 회복할 것인데,
이렇게 '지름길'이라는 형상에 집착해 버리면
어떻게 하자는 것인가?

공부를 하겠다는 것인가? 하지 않겠다는 것인가?
그대가 지름길에 집착할수록
그대의 공부는 점점 더 멀어질 것이다.

절대로 그러한 형상을 짓지 말라.

그대가 그러한 '지름길'에 집착하면,
그 길에서 '독사'를 만나
영원히 부처가 되지 못할 것이다.
이 독사는 그대의 '무명無明'을 더욱 견고하게 하여,
그대의 불성이 드러나는 것을
철저히 차단해 버릴 것이다.

스님이 물었다.
"만약 갈 경우에는 어떻게 해야 합니까?"

스님이 무슨 말씀을 하셔도
저는 지름길로 가고 싶습니다.
만약에 제가 지름길을 가고자 할 경우에는
어떻게 해야 합니까?

청림이 대답하였다.
"목숨을 잃게 될 것이다."

자꾸 같은 말을 반복하게 하지 말라.
그대는 목숨을 잃어버릴 것이다.
'지름길'이라는 형상에 집착하는 한
영원히 '부처'의 경지에 이르지 못할 것이다.

스님이 물었다.
"그 독사와 마주치지만 않으면 되는 것 아닙니까?"

청림이여, 만약 제가 지름길을 걷되
'독사'만 만나지 않으면 되지 않겠습니까?
왠지 저는 자신이 있습니다.
독사를 만나지 않을 자신이 있습니다.

청림이 대답하였다.
"피할 자리가 없다."

그대는 내 말을 전혀 듣지 않고 있구나!
그대는 손에 든 '형상'은 내려놓지 않으면서,
형상을 초월한 세계에 들어가고 싶어 하는
철없는 아이일 뿐이다.

'부처'는 형상을 초월한 세계이며,
'지름길'은 형상일 뿐이다.
지름길을 내려놓을 때
그대는 저절로 부처의 경지에 이르게 될 것이다.

그러나 만약 지름길이라는
형상을 내려놓지 않는다면,
그대는 반드시 독사에 물려

목숨을 잃게 될 것이다.

스님이 물었다.
"도대체 이런 경우엔 어떻게 해야 하는 것입니까?"

저는 남보다 빨리 공부를 이루고 싶습니다.
간절한 소원입니다.
그런데 그대는 독사로 저를 겁주십니다.
도대체 저는 어떻게 해야 합니까?

청림이 대답하였다.
"잃어버리면 되지."

방법은 간단하다.
'지름길'과 '독사'라는 일체의 형상을
잃어버려라! 내려놓아라!
지름길로 가겠다는 생각을 버려라.
그러면 독사도 만날 일이 없어질 것이다.

왜 '지름길'이라는 형상에 집착하여
'독사'까지 불러들이는가?
독사를 불러들이는 이는 내가 아니라 바로 그대이다.
그대가 형상을 내려놓기만 하면
곧장 부처의 경지에 이를 것이다.

제발 내려놓아라! 이것이 그대가 할 일이다.

스님이 물었다.
"도대체 어디로 가 버린 것입니까?"
청림이 대답하였다.
"풀이 무성해서 찾을 수가 없다."

'독사'를 잃어버리라고요?
그렇다면 그 독사는 어디로 간 것입니까?
청림 그대는 수수께끼 같은 말씀만 하시는군요.

그대여, 참으로 딱할 노릇이다.
독사가 어디로 갔겠는가?
독사는 본래 없었다.
그대가 '지름길'이라는 형상에 집착할 때만
'독사'는 나타나서 그대의 길을 방해할 것이다.

그대가 '지름길'에 대한 집착만 내려놓는다면,
'독사'도 사라지고 말 것이다.
어디서 독사를 찾을 수 있겠는가?
풀이 무성해서 절대로 찾을 수 없을 것이다.

스님이 물었다.
"스님께서도 조심하셔야겠습니다."

선문답에서 배우는 禪의 지혜

어처구니가 없다.
이젠 청림까지 지름길로 끌고 들어가서
독사에 옭아매려고 한다.
존재하지도 않는 독사로 청림을 겁준다.
이 자는 이미 독사의 독에
목숨을 잃은 자임에 분명하다.

청림이 대답하였다.
"지독한 독기로군."

이 자는 이미 독사의 독에 철저히 당했다.
'참나'를 잊어버리고
자신의 욕망에 취해 '지름길'에 집착하여,
자신이 이미 독사의 독에 당했다는 사실도 모르고 있다.

4

취암, 눈썹이 남아 있는가

취암翠巖이 하안거를 끝낼 때 대중들에게 말하였다.
"이번 여름 내내 형제들을 위해 설법을 하였다.
자, 보라! 취암의 눈썹이 남아 있는가?"

보복保福이 말하였다.
"도적이 사람을 속이는 짓입니다."
장경長慶이 말하였다.
"오히려 돋아났습니다."
운문雲門이 말하였다.
"입을 닫으시죠."

擧 翠巖夏末示衆云 一夏以來爲兄弟說話 看翠巖眉毛在麼 保福云 作賊人心虛 長慶云 生也 雲門云 關

(종용록 · 벽암록)

● 보복종전保福從展(867~928) : 설봉의존雪峯義存의 법을 계승하였다.

취암이 하안거를 끝낼 때 대중들에게 말하였다.
"이번 여름 내내 형제들을 위해 설법을 하였다.
자, 보라! 취암의 눈썹이 남아 있는가?"

사람들을 말로 가르치다 보면
함부로 진리를 누설하거나 비방하는 죄를 짓게 된다.
그래서 그 업보로 '눈썹'이 빠진다는 속설이 있다.
취암은 이 속설을 통해 각자의 여름 동안
공부한 실력을 점검하고자 한다.

보복이 말하였다.
"도적이 사람을 속이는 짓입니다."

취암이여, 뻥치지 말라!
'불성佛性'은 그대의 세 치 혀에 의해
모욕을 당할 수 있는 그런 물건이 아니다.

진리의 그림자인
'형상'과 '개념'이나 읊어 대는 주제에
어찌 진리를 누설하거나 비방할 수 있겠는가?
어디서 수작인가?
그대의 말은 도적놈이 사람을 속일 때나 쓰는 수작이다.

장경이 말하였다.

"오히려 돋아났습니다."

진리는 말과 언어를 벗어나 존재하는 자리이다.
진리가 그대의 세 치 혀로 모욕을 입을 수 있겠는가?
그대가 허공을 더럽힐 수 있다는 말인가?
과대망상이 심하다.
내가 볼 때는 눈썹이 오히려 돋아난 것 같다.
전혀 걱정할 일이 아니다.

운문이 말하였다.
"입을 닫으시죠."

도적놈과 과대망상증 환자와는
말을 섞지 않는 것이 상책이다.
제발 그 냄새나는 입 좀 닫아 주지 않겠는가?
무슨 평지풍파인가?
그냥 여여如如히 존재할 뿐이다.

5

운문, 날마다 좋은 날

운문雲門이 설법을 하였다.
"15일 이전에 대해서는 그대들에게 묻지 않겠네.
대신 15일 이후에 대해서 한마디 해 보게."
스스로 대신하여 대답하였다.
"날마다 좋은 날!"

擧 雲門垂語云 十五日已前 不問汝 十五日已後 道將一句來 自代云
日日是好日

(벽암록)

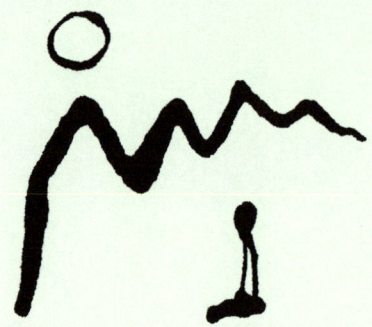

운문이 설법을 하였다.
"15일 이전에 대해서는 그대들에게 묻지 않겠네.
대신 15일 이후에 대해서 한마디 해 보게."

'과거'는 묻지 않겠다. 과거는 중요하지 않다.
과거를 집착하는 순간 우리는 '현재'를 놓치게 된다.
과거를 돌아보지 말라!
지금 현재를 살아가라!
지금 현재에 머물러라!

자, 여기까지 알았다면 묻겠다.
앞으로의 '미래'에 대해서는 어떻게 생각하는가?
미래는 어떻게 살아야 하는가?

스스로 대신하여 대답하였다.
"날마다 좋은 날!"

그대들은 또 놓치고 있다.
'미래'에 대해서도 집착하지 말라.
미래에 골몰해 있는 동안
'현재'를 놓치게 된다.

우리의 정신이
가장 생생하게 살아 있는 순간은

바로 '지금 이 순간'일 뿐이다.

온 우주가 '현재'에
모든 것을 드러내고 있다.
온 우주는 바로 '지금 이 순간'을
위해서 존재하는 것이다.
그대가 힘을 써야 할 순간은 바로 지금 이 순간이다.

그러니 날마다 좋은 날일 뿐이다!
오직 '현재'뿐이다!
'과거'는 지나간 현재이며
'미래'는 아직 오지 않은 현재이다.

매일매일 매 순간 깨어서 살아갈 뿐이다!
과거에 대한 기억과 후회도
미래에 대한 기대와 불안도
모두 내려놓고 영원한 나의 생명을
매 순간 즐기며 살 뿐이다!

시공을 초월한 그 자리를
바로 보고 바로 알고,
그 무궁한 생명을 매 순간 느끼면서
매일매일의 삶 속에서 드러낼 뿐이다.

6
남전, 평상심 그대로가 도다

남전南泉에게 조주趙州가 물었다.
"어떤 것이 도道입니까?"
남전이 대답하였다.
"평상심 그대로가 도다."

조주가 물었다.
"그래도 뭔가를 추구해야 하는 것 아닙니까?"
남전이 대답하였다.
"추구하면 어긋나게 될 것이다."

조주가 물었다.
"추구하지도 않고 어떻게 도를 알 수 있습니까?"
남전이 대답하였다.
"도는 '안다' '모른다'에 속하지 않는다.
안다고 하면 망상에 빠질 것이고,
모른다고 하면 흐리멍덩함에 빠지고 말 것이다.
만약 의심할 수 없는 도에 참으로 도달하게 된다면,
큰 허공처럼 확 트여서 뻥 뚫릴 것이니

어찌 옳고 그름을 따지겠는가?"

조주가 이 말에 단박에 깨달았다.

南泉因趙州問 如何是道 泉云 平常心是道 州云 還可趣向否 泉云 擬向卽乖 州云 不擬爭知是道 泉云 道不屬知 不屬不知 知是妄覺 不知是無記 若眞達不疑之道 猶如太虛廓然洞豁 豈可强是非也 州于言下頓悟

(무문관)

남전에게 조주가 물었다.
"어떤 것이 도입니까?"
남전이 대답하였다.
"평상심 그대로가 도다."

조주가 남전에게 물었다.
남전이여, 도대체 영원한 진리란 무엇입니까?
남전이 조주에게 대답한다.
조주여, 진리란 별다른 것이 아니다.
그대가 매일 쓰고 사는 '평상심'이 바로 진리이다.

조주가 물었다.
"그래도 뭔가를 추구해야 하는 것 아닙니까?"

남전이여, 제가 매일 쓰고 사는 '평상심'이
제가 찾는 영원한 진리라고요?
뭔가 이상합니다.
우리는 '진리'를 추구해야 합니다.
제가 이미 가지고 있는 그것이 진리라면,
뭔가 모순이 생기게 됩니다.

남전이 대답하였다.
"추구하면 어긋나게 될 것이다."

조주여, 진리를 추구해서는 안 된다.
진리를 추구한다는 것은
그대가 진리를 가지고 있지 않다는 것을 인정하는 것이다.
진리를 추구한다는 것은
진리를 얻어 가질 수 있는 물건이라고 생각하는 것이다.

그러나 새로 얻어진 것은 영원할 수 없다.
그대가 본래부터 가지고 있는 그것만이 영원한 진리이다.
얻을 수 있는 물건은 잃어버릴 수도 있다.
얻을 수도 잃어버릴 수도 없는 것만이 영원한 진리이다.

그러니 그대가 매일 쓰고 사는
'평상심'이 바로 진리이다.
그대의 생각이나 감정, 오감은
매일 매 순간 그대의 마음에서 일어나고 사라진다.

그것들은 영원한 것이 아니다.
매 순간 변화하는 무상한 것들일 뿐이다.
그대가 추구하여 얻을 수 있는 것도
모두 무상한 것들일 뿐이다.
왜냐하면, 얻을 수 있는 것은
잃어버릴 수도 있기 때문이다.

어떻게 그러한 것들이

그대가 찾는 영원한 진리이겠는가?
그대를 단 한순간도 떠나지 않는 '그것'만이
그대가 찾는 영원한 진리이다.

생각이 일어나면 일어나는 줄 알아차리는 자리,
감정이 일어나면 일어나는 줄 알아차리는 자리,
오감이 일어나면 일어나는 줄 알아차리는 자리,
그 '알아차리는 자'만이 영원하다.

그대가 매일 쓰고 사는
그 자리만이 영원히 불변하는 그대의 본질이다.
'순수한 알아차림' 외에 그 어떤 것이
영원한 진리라는 조건을 만족하는가?

얻을 수 있는 것은 영원한 것이 아니다.
그러니 생각해 보라.
그대가 영원히 잃어버릴 수 없는 것은 무엇인가?
그것이 바로 그대가 찾는 진리인 것이다.

조주가 물었다.
"추구하지도 않고 어떻게 도를 알 수 있습니까?"

남전이여, 그렇다면 진리를 추구하지도 않고
어떻게 진리를 알 수 있는 것입니까?

단언컨대 지금 저는 진리를 모르겠습니다.
그런데 진리를 추구하지도 않고
어떻게 진리를 알 수 있다는 말입니까?

남전이 대답하였다.
"도는 '안다' '모른다'에 속하지 않는다.
안다고 하면 망상에 빠질 것이고,
모른다고 하면 흐리멍덩함에 빠지고 말 것이다.
만약 의심할 수 없는 도에 참으로 도달하게 된다면,
큰 허공처럼 확 트여서 뻥 뚫릴 것이니
어찌 옳고 그름을 따지겠는가?"

조주여, 무엇을 걱정하는가?
진리는 추구해서 얻을 수 있는 것이 아니다.
그대가 진리를 알고자 한다면
이는 '안다'라는 형상에 걸리게 된다.
또한 그대가 진리를 모르겠다고 한다면
'모른다'라는 형상에 걸리게 된다.

'안다'라는 형상에 걸리면
그대의 마음은 산란해진다.
'모른다'라는 형상에 걸리면
그대의 마음은 흐리멍덩해진다.

둘 다 진리가 아니다.
진리는 고요하되 또랑또랑한 자리일 뿐이다.
진리는 일체의 분별과 망상이 없으니 고요하며,
일체의 흐리멍덩함이 없으니 또랑또랑하다.

그런데 그대가 '안다'라는 형상에 걸리고
'모른다'라는 형상에 걸려 버린다면,
어떻게 진리에 안주할 수 있겠는가?
어떻게 일체의 형상을 초월하여
항상 여여如如한 그 자리에 머물 수 있겠는가?

조주가 이 말에 단박에 깨달았다.

조주는 남전이 의미하는 바를 깨달았다.
그렇다!
왜 나는 진리를 모른다고 말하는가?
왜 나는 진리를 알아야 한다고 말하는가?

내가 매일 쓰고 사는 것을 벗어나서
영원한 진리란 없다.
내가 새로 얻을 수 있는 물건은
이미 영원한 진리가 아니다.

내가 이미 가지고 있으며

내가 영원히 잃어버릴 수 없는 것이라야
영원한 진리의 자격이 있다.
영원한 진리가 어떻게 '나'를 떠나서 존재할 수 있겠는가?

공연히 내가 진리를 '모른다'라고 집착했다.
공연히 내가 진리를 '알아야 한다'라고 집착했다.
진리를 모른다는 생각도 하지 말자!
진리를 알고 싶다는 생각도 하지 말자!
둘 다 나를 '형상'에 빠뜨리는 생각일 뿐이다.

그냥 존재하자!
오직 모를 뿐이다!
진리를 아는지 모르는지 모르겠다.
그러나 나는 내가 존재한다는 사실을 똑똑히 안다.
일체를 내려놓으니 고요하고,
내 자신의 존재감은 생생하니 또랑또랑하다!

일어나고 사라지는
일체의 생각과 감정, 오감의 형상을 초월하여,
나는 그냥 존재할 뿐이다.
일어나고 사라지는 일체의 형상을
알아차리는 그 자리는 어디로 가는 법이 없다.
사라지는 법이 없다.

오직 그 자리에 안주하자.
'순수한 나'로서 존재하자.
이 자리를 떠나서 영원한 진리란 없다.
일어나는 모든 것은 사라지게 마련이다.
일어난 적도 없고 사라진 적도 없는
그 자리에 머물자.

조주는 깨달았다.
조주는 자신이 매일 쓰고 사는 '평상심'이
바로 자신이 그토록 찾던 영원한 진리란 사실을 깨달았다.
그리고 그 자리에 머물렀다.

六 통 밖에서 통을 굴려라

마조, 태양 같은 부처 달 같은 부처

연화봉 암주, 주장자에도 집착하지 말라

운문, 온몸으로 가을바람을 맞다

문수, 앞으로 3·3 뒤로 3·3

조주, 하나는 어디로 돌아가는가

조주, 급한 물살에 공을 치다

1

마조, 태양 같은 부처 달 같은 부처

마조馬祖가 병을 앓고 있었다.
원주가 와서 물었다.
"스님, 요즘 기체는 어떠하십니까?"
마조가 말하였다.
"태양처럼 빛나는 부처(日面佛),
달처럼 빛나는 부처(月面佛)!"

擧 馬大師不安 院主問 和尙近 日尊位如何 大師云 日面佛月面佛
(종용록·벽암록)

마조가 병을 앓고 있었다.
원주가 와서 물었다.
"스님, 요즘 기체는 어떠하십니까?"

마조가 병을 앓고 있을 때
원주가 마조의 몸 상태를 물었다.
마조여, 그대는 생사를 초월한 존재입니다.
그런데 이렇게 병을 앓고 계십니다.

과연 어떠한 것이 그대의 참된 모습입니까?
생사를 초월한 그 모습이 그대의 본래 모습입니까?
이렇게 병을 앓고 있는 모습이 그대의 본래 모습입니까?
한 말씀 내려 주십시오.

마조가 말하였다.
"태양처럼 빛나는 부처(日面佛),
달처럼 빛나는 부처(月面佛)!"

태양처럼 광명한 '빛'도 있고
달처럼 은근히 빛나는 '빛'도 있다.
그러나 '빛'이라는 점에서는 동일하다.

마찬가지이다.
태양처럼 빛나는 '부처'도 있고

달처럼 빛나는 '부처'도 있다.
그러나 '부처'라는 점에선 동일하다.

아파도 부처요, 건강해도 부처다.
태양처럼 수명이 길어도 부처요,
달처럼 수명이 짧아도 부처다.
잘나도 부처요, 못나도 부처다.
'부처'라는 점에 있어서는 모두 동일하다.

장수하고 요절하고,
잘나고 못나고, 아프고 건강하고는,
모두 현상계의 '형상'일 뿐이다.
현상계의 형상을 초월해 존재하며,
천지만물의 뿌리가 되는 자리가
바로 '부처' 자리이다.

'건강'과 '아픔'이라는 형상은 다르지만,
건강한 줄 알아차리는 자와
아픈 줄 알아차리는 자는 동일하다.
그대여, 건강과 아픔이라는 형상,
태양과 달이라는 형상에 취하여
'부처' 자리를 놓치지 말라.

설두雪竇는 『송고백칙頌古百則』에서

이 공안에 대해 다음과 같이 송頌을 달고 있다.

"태양처럼 빛나는 부처여,
달처럼 빛나는 부처여,
삼황三皇 오제五帝가 다 무엇인가?"

고대 중국에는 3명의 '황皇'과
5명의 '제帝'가 있었다.
복희·신농·황제는 '삼황三皇'이 되며,
소호·전욱·제곡·요·순은 '오제五帝'가 된다.

그런데 왜 설두는
태양처럼 빛나는 부처와
달처럼 빛나는 부처를 이야기하는 자리에서,
삼황과 오제를 들먹이는 것인가?

이것은 3명의 임금이 각각 다르나
'황皇'이라는 점에서 동일하며,
5명의 임금이 각각 다르나
'제帝'라는 점에서 동일하듯이,
태양처럼 빛나든 달처럼 빛나든
'부처'라는 점에서 동일하다는 것을 말한 것이다.

명심할지어다.

아파도 부처요 건강해도 부처이며,
잘나도 부처요 못나도 부처이다.
나타낸 '형상'이 다를 뿐
'본질'은 모두 한 자리이다!

2
연화봉 암주,
주장자에도 집착하지 말라

연화봉의 암주가 '주장자'를 들어 올리고
대중에게 보이면서 말하였다.
"옛사람들은 왜 이 자리에 머물지 않았을까?"
대중이 말이 없자 자신이 대신하여 대답하였다.
"그들의 가는 길에 힘이 되지 않았기 때문이다."

다시 말하였다.
"그렇다면 어떻게 해야 하는가?"
다시 자신이 대신하여 대답하였다.
"아무도 돌아보지 않고 주장자를 짊어지고,
천 봉 만 봉 산속으로 곧장 들어가련다."

擧 蓮花峰庵主 拈拄杖示衆云 古人到這裏 爲什麼不肯住 衆無語 自代云 爲他途路不得力 復云 畢竟如何 又自代云 㮘栗橫擔不顧人 直入千峰萬峰去

(벽암록)

연화봉의 암주가 '주장자'를 들어 올리고
대중에게 보이면서 말하였다.
"옛사람들은 왜 이 자리에 머물지 않았을까?"

'주장자'는 우리의 '본래면목'을 나타낸다.
대중들이여, 왜 옛날의 부처·조사들은
이 '주장자'에 머무르지 않았을까?
왜 자신의 본래면목에 머무르지 않았을까?

이것은 자신의 '본래면목'을 찾더라도
그 자리에 집착해서는 안 된다는 것을 말한다.
본래면목에 집착하게 되면,
텅 비어 청정한 물건인 본래면목이
하나의 '형상'으로 전락하고 만다.

대중이 말이 없자 자신이 대신하여 대답하였다.
"그들의 가는 길에 힘이 되지 않았기 때문이다."

그대들이 '본래면목'을 되찾게 되더라도,
절대로 그 자리에 집착하여
본래면목을 형상화해서는 안 된다.
그렇다고 본래면목을 떠나라는 것은 아니다.
단지 본래면목에 집착하지 말라는 것이다.

늘 본래면목에 머물되,
한편으로는 현상계와 자유자재로
수작할 수 있어야 한다.
그래야만 진정한 '중도中道'가 이루어진다.

그래서 부처님을 '양족존兩足尊'이라고 한다.
이것은 '두 다리를 가지신 세존' 혹은
'지혜와 자비를 두루 갖추신 세존'이란 말인데,
부처님께서 절대계(理)와 현상계(事)에 두 다리를 걸치시고
'지혜'와 '자비'를 자유롭게 활용하신 분이라는 것을 뜻한다.

하나에만 집착해서는 안 된다.
그것은 절대로 그대에게 힘이 되지 않는다.
'절대계'에 집착하면 현상계에서 자유롭지 못하게 되며,
'현상계'에 집착하면 절대계에서 멀어지게 된다.
따라서 자신의 본래면목에도 집착해서는 안 된다.

항상 생각과 감정과 오감을 초월하여 존재하는
자신의 '순수한 알아차림'을 놓치지 말아야 한다.
그러나 동시에 생각과 감정과 오감의 주인공이 되어
바르게 생각하고 바르게 울고 웃고
바르게 보고 듣고 말하고 느낄 수도 있어야 한다.

참나가 굴리는 생각은 '지혜'가 되며,

참나가 굴리는 감정은 '자비'가 된다.

지혜와 자비를 자유자재로 굴리는 이라야
'참 부처'라 할 수 있다.

다시 말하였다.
"그렇다면 어떻게 해야 하는가?"
다시 자신이 대신하여 대답하였다.
"아무도 돌아보지 않고 주장자를 짊어지고,
천 봉 만 봉 산속으로 곧장 들어가련다."

자신의 본래면목인 '주장자'를 짊어지고,
일체 남을 돌아보지 않고
천 봉 만 봉 험난한 산속으로 곧장 들어가겠다는 것은,
주장자에조차 머물지 않는
참사람의 삶을 살겠다는 선언이다.

주장자에 집착하여 고요한 경계를 지키는 것에
안주하지 않겠다는 것이다.
참다운 주장자는 우리가 어디에 있건
우리에게 힘이 되어야 한다.

그러니 어찌 편한 경계에 머물기를 구하겠는가?
주장자만 있으면 우리는

어디를 가나 현상계의 '주인공'이다.
주인공이 무엇을 두려워하겠는가?
천 봉 만 봉 험난한 산길도 겁날 것이 없다.

모든 것은 이 '주장자의 나툼'일 뿐이다.
그러니 나와 남이 없는 주장자를 짊어지고
천하에 나아가면 거칠 것이 없다.
눈과 귀에 티끌과 모래가 가득하더라도
천 봉 만 봉 험난한 경계가 우리를 가로막을 수 없다.

3 운문, 온몸으로 가을바람을 맞다

한 스님이 운문雲門에게 물었다.
"나무가 말라서 잎사귀가 다 떨어진 뒤에는
어떻게 해야 합니까?"
운문이 대답하였다.
"온몸을 드러내고 가을바람을 맞을 뿐!"

擧 僧問雲門 樹凋葉落時如何 雲門云 體露金風
(벽암록)

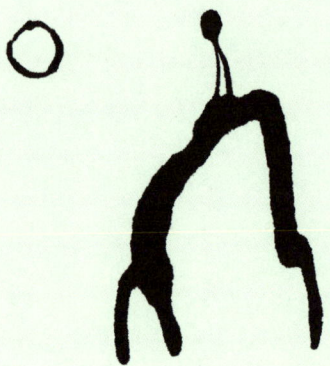

한 스님이 운문에게 물었다.
"나무가 말라서 잎사귀가 다 떨어진 뒤에는
어떻게 해야 합니까?"

운문이여, 가을이 되어 모든 잎사귀가
다 떨어진 앙상한 나무처럼,
일체의 번뇌와 욕망이 다 사라져
'참나'가 있는 그대로 드러난
참다운 도인은 도대체 어떻게 살아가야 합니까?

제 생각에는, 참나를 온전히 되찾아
일체의 형상에 대한 집착이 떨어져 나간 참다운 도인은
이곳 현상계에서 더 이상 살아갈 수 없을 것 같습니다.

스승이여, 생각도 초월하고 감정도 초월하고
오감마저 초월하여,
한 물건도 없이 존재하는 참사람은
도대체 어떻게 살아가는 것입니까?

운문이 대답하였다.
"온몸을 드러내고 가을바람을 맞을 뿐!"

그대여, 무엇을 의심하는가?
그대가 예로 든 가을의 앙상한 나무를 보라.

그 나무는 모든 잎사귀가 떨어져 나간 뒤
어떻게 살아가는가?

그대가 잘 알고 있듯이
온몸을 있는 그대로 드러내고
가을바람을 맞이할 뿐이다.
다시 무엇이 필요한가?

일체의 망상에서 초월한 참다운 도인은,
일체의 형상에 집착하지 않고
깨어있는 마음으로 세상의 풍파를
있는 그대로 받아들이고 살아갈 뿐이다.

'형상'을 모두 버리는 것이
진정한 공부가 아니다.
형상에 대한 '집착'을 모두 버리는 것이
참다운 공부이다.

어떠한 형상에 처하든
일체는 '참나의 나툼'이라는 사실을 잊지 않고,
형상에 집착하지 않으며,
형상을 자유롭게 굴리는 사람만이 참다운 도인이다.

역경이 오든 순경이 오든

모두 '참나의 나툼'일 뿐이다.
형상에 흔들려서는 안 된다.
형상에 집착해서는 안 된다.

일체의 형상을 '참나의 나툼'으로 받아들이고
적절히 처리할 뿐이다!
보이는 경계에 취하여 '중심'을 잃어버리지 않고 사는 것,
이것이야말로 참다운 도인의 삶이다.

4
문수, 앞으로 3·3 뒤로 3·3

문수文殊가 무착無著에게 물었다.
"근래 어디를 떠나 왔는가?"
무착이 대답하였다.
"남방에서 왔습니다."

문수가 물었다.
"남방의 불법은 어떻게 유지되는가?"
무착이 대답하였다.
"말법 시대의 비구들이라 계율을 받드는 이가 별로 없습니다."
문수가 물었다.
"대중은 얼마나 되는가?"
무착이 대답하였다.
"어느 곳은 300명, 어느 곳은 500명 정도 됩니다."

무착이 문수에게 물었다.
"이곳의 불법은 어떻게 유지됩니까?"

● 무착無著(821~900) : 문수보살을 친견하고 앙산혜적仰山慧寂의 법을 계승하였다.

문수가 대답하였다.
"중생과 성인이 함께 살며, 용과 뱀이 섞여 산다."

무착이 물었다.
"대중은 얼마나 됩니까?"
문수가 대답하였다.
"앞으로 3·3, 뒤로 3·3이지!"

擧 文殊問無著 近離什麽處 無著云 南方 殊云 南方佛法 如何住持 着云 末法比丘 少奉戒律 殊云 多少衆 着云 或三百或五百 無著問 文殊 此間如何住持 殊云 凡聖同居龍蛇混雜 着云 多少衆 殊云 前三三后三三

(벽암록)

문수가 무착에게 물었다.
"근래 어디를 떠나 왔는가?"
무착이 대답하였다.
"남방에서 왔습니다."
문수가 물었다.
"남방의 불법은 어떻게 유지되는가?"
무착이 대답하였다.
"말법 시대의 비구들이라 계율을 받드는 이가 별로 없습니다."
문수가 물었다.
"대중은 얼마나 되는가?"
무착이 대답하였다.
"어느 곳은 300명, 어느 곳은 500명 정도 됩니다."

이 문답은 무착이 문수보살과 나눈 이야기이다.
문수가 무착에게 불법에 대해 묻는 것은
무착이 참다운 불법을 아는지를
확인하기 위해서이다.

그런데 무착은 뭔가 잘못 알고 있다.
무착은 불법의 '외양'에 집착하고 있다.
불법의 '본질'은 계율이나
승려·신도의 숫자에 달린 것이 아니다.
오직 자신의 '본래면목' 그대로 살아가는 것,
이것만이 불법이 유지되는 소식인 것이다.

무착이 문수에게 물었다.
"이곳의 불법은 어떻게 유지됩니까?"
문수가 대답하였다.
"중생과 성인이 함께 살며, 용과 뱀이 섞여 산다."

문수는 답답하다.
그런 것이 불법의 전부가 아니다.
불법은 계율을 지키는 이,
불법을 믿는 이만을 위한 것이 아니다.

불법은 존재하는 모든 이들을 위한 것이다.
모든 존재의 뿌리 자리가 바로 '부처'이다.
그러니 진정한 불법이란 모든 생명들이
자신의 삶을 온전히 살아가는 것이다.

우주에 존재하는 모든 생명들이
'참다운 자신'을 잃어버리지 않고
자신의 본성대로 온전히 살아가게 하는 것,
이것이야말로 '참다운 불법'이다.

무착이 물었다.
"대중은 얼마나 됩니까?"
문수가 대답하였다.
"앞으로 3·3, 뒤로 3·3이지!"

'3·3'이란 셋이 둘이니 '6'을 뜻한다.
앞으로 뒤로 펼쳐지는
'6근의 작용'이야말로
현상계에 존재하는 모든 것이다.
우리는 6근의 작용을 벗어나서
현상계를 인식할 수 없다.

"비구들이여, 무엇을 '일체—切'라고 하는가?
① 눈과 색깔 ② 귀와 소리 ③ 코와 향기
④ 혀와 맛 ⑤ 몸과 감촉 ⑥ 생각과 법칙(法)이다.
비구들이여, 이것들을 일체라고 한다." (『잡아함雜阿含』)

그런데 이 '6근의 작용'은
우리의 '순수한 알아차림'에 의해서만 존재할 수 있다.
우리가 색깔을 보고 소리를 듣고
냄새를 맡고 맛을 보고
촉감을 느끼고 법칙을 사유할 수 있는 것은,
모두 내면의 '알아차리는 자'에 의해 가능한 것이다.

우리 내면의 '순수한 알아차림'
즉 '불성'에 뿌리를 두고 살아가는
일체 중생인 '6근의 작용'이야말로,
참나가 성불시켜야 하는 '불법의 대중'이다.

그렇다면 이 일체 대중을
성불시키는 방법은 무엇인가?
그것은 모든 '6근의 작용'의 주체인
내 자신의 '순수한 알아차림'을 온전히 밝혀내는 것이다.

뿌리가 청정해질 때,
가지도 청정해지며 열매도 청정해진다.
일체 만물의 뿌리 자리인
우리의 '순수한 알아차림'이 광명한 빛을 발할 때,
참나의 나툼인 '6근의 작용'도 청정해질 것이다.

존재하는 모든 것을
성불시키는 방법은 오직 '참나의 각성'으로 가능하다!
우리를 앞뒤로 둘러싼 '6근의 작용'은
오직 우리 내면에 존재하는
'참나의 광명한 빛'에 의해서만 정화될 수 있다.

우리의 '참나'가 광명히 빛날 때
모든 '6근의 작용'이 청정해진다!
색깔을 보는 것이 청정해지며
소리를 듣는 것이 청정해지며
촉감을 느끼는 것이 청정해지고
법칙들을 생각하는 것도 청정해진다.
일체 중생이 청정해지게 되는 것이다.

5

조주, 하나는 어디로 돌아가는가

한 스님이 조주趙州에게 물었다.
"온갖 법(만법萬法)이 '하나'로 돌아가는데,
그 하나는 어디로 돌아갑니까?"
조주가 말하였다.
"내가 청주에 있을 때 장삼 한 벌을 지었는데,
무게가 7근이었다."

舉 僧問趙州 萬法歸一 一歸何處
州云 我在青州 作一領布衫 重七斤
(벽암록)

한 스님이 조주에게 물었다.
"온갖 법(만법)이 '하나'로 돌아가는데,
그 하나는 어디로 돌아갑니까?"

온갖 '법'이란 온갖 '사물'을 가리킨다.
본래 '법法'이란 '각각의 사물들이 지닌 법칙'을 말한다.
법칙이 없는 사물이 존재할 수 있겠는가?

물에는 물의 법칙이 있고
불에는 불의 법칙이 있다.
그래야 사물이 선다.
그래서 '사물'을 '법칙'이라고 하는 것이다.

조주여, 온갖 법칙을 지닌 사물들이
모두 '하나'로 돌아갑니다.
온갖 법칙들이 나오는 뿌리는
오직 '하나'일 뿐입니다.
그렇다면 그 하나는 어디로 돌아가는 것입니까?

일체 만물은 우리의 '불성' 자리에서 나온 것이다.
그러니 만법이 하나로 돌아간다고 하는 것이다.
'만법'이란 '6근의 작용'을 말한다.

'일체 만법', 즉 '6근의 작용'은

우리의 '순수한 알아차림'에 의해서만 존재할 수 있다.
우리가 색깔을 보고 소리를 듣고
냄새를 맡고 맛을 보고
촉감을 느끼고 개념을 사유할 수 있는 것은,
모두 내면의 '알아차리는 자'에 의해 가능한 것이다.

이것이야말로
온갖 만물이 '하나'로 돌아간다고 하는 것이다.
그렇다면 그 하나는
어디로 돌아가는 것인가?
이것이 질문의 요지이다.

조주가 말하였다.
"내가 청주에 있을 때 장삼 한 벌을 지었는데,
무게가 7근이었다."

그런데 조주가 갑자기 엉뚱한 소리를 늘어놓는다.
우리의 본래면목인 '순수한 알아차림'은
어디로 돌아가느냐를 묻고 있는데,
자신이 과거 청주에서 장삼을 지은 이야기를 늘어놓는다.
이것은 과연 무슨 의미인가?

다시 한번 정리해 보자.

온갖 사물, 즉 일체의 형상들은
모두 우리 내면의 '순수한 알아차림'의 자리에 의존하여 존재한다.
즉 만법은 하나로 돌아간다.

그렇다면 그 하나는 어디로 돌아가는가?
답은 간단하다.
지금 그대의 '순수한 알아차림'은 무엇을 하고 있는가?
그 자리를 살펴보라. 거기에 답이 있다.
지금 이 글을 보고 있지 않은가?

하나의 행위의 주체가 되어,
특정한 시간, 특정한 공간에,
특정한 행위를 하고 있지 않은가?
그대의 '순수한 알아차림'은 지금 이 순간
그대의 행위의 바탕으로서 존재하지 않는가?

그대의 행위는 '만법'에 해당한다.
그리고 그것의 바탕이 되는 순수한 알아차림은
'하나'에 해당한다.
그런데 그 하나는 어디로 돌아갔는가?
도로 '만법'으로 돌아가지 않았는가?

그렇다!
만법은 하나로 돌아가고

하나는 만법으로 돌아간다.
이렇게 돌고 돈다.
이것이 진실이다.

그래서 조주는 과거 자신이 청주에서
장삼을 지어 입은 이야기를 한 것이다.

'조주'라는 행위의 주체가,
'과거'라는 특정한 시간에,
'청주'라는 특정한 공간에서,
'한 벌'이라는 개수와
'7근'이라는 무게를 지닌,
'장삼'이라는 행위의 객체를 대상으로
특정한 행위를 한 것이다.

이것이 '하나'가 돌아간 자리이다.
참나, 순수한 알아차림의 자리에는
예와 지금(시간)도 없고,
이곳과 저곳(공간)도 없으며,
나와 남(주객)도 없고,
하나와 여럿(개수)도 없고,
가볍고 무거움(무게)도 없다.
일체의 시공·주객·수량을 초월한 자리가 바로
시공·주객·수량을 지닌 온갖 법들을 낳은 자리이다.

만물이 나온 자리는 그 뿌리로 돌아가고,
뿌리가 되는 그 자리는 만물로 돌아간다.

참나(理法界)는 '만물의 근원'이며,
만물(事法界)은 '참나의 나툼'이다.
참나가 없으면 만물이 존재하고 작동할 수 없으며,
만물이 없으면 참나는 현상계에
무량한 공덕을 드러낼 수 없다.

만법은 하나로 돌아가고
하나는 만법으로 돌아간다.
이것이 바로 참나와 만법이 서로 걸림 없이
하나로 굴러가는 '이사무애법계理事無碍法界'의 소식이다.

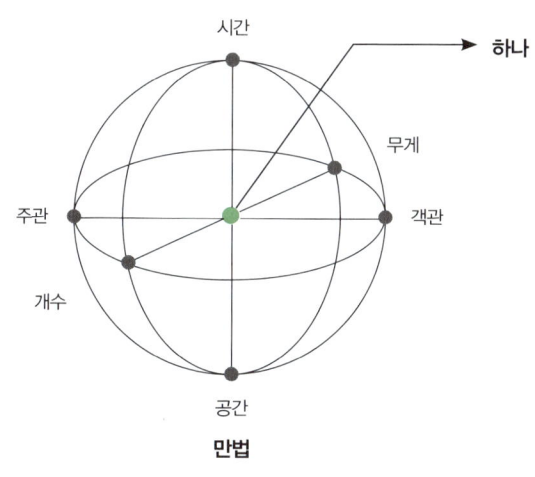

[만법과 하나]

6

조주, 급한 물살에 공을 치다

스님이 조주趙州에게 물었다.
"갓난아이는 6식이 있습니까? 없습니까?"
조주가 대답하였다.
"급한 물살에 공을 때리는 격이지."

그 스님이 다시 투자投子●에게 물었다.
"급한 물살에 공을 때리는 격이라는 것은 무슨 뜻입니까?"
투자가 대답하였다.
"생각 생각이 조금도 정체되지 않는 것이지."

擧 僧問趙州 初生孩子 還具六識也無 趙州云 急水上打毬子 僧復問 投子 急水上打毬子 意旨如何 子云 念念不停流

(벽암록)

● 투자의청投子義靑(1032~1083) : 산동성 청주靑州 출신으로 대양경현大陽警玄을 이어 조동종의 제7대 조사가 되었다.

스님이 조주에게 물었다.
"갓난아이는 6식이 있습니까? 없습니까?"

갓난아이는 과연 '6근의 작용'이 있는 것인가?
아니면 없는 것인가?
이 스님은 이것이 궁금하다.

분명 갓난아이는 색깔을 보고 소리를 듣는다.
그러나 그것을 처리하는 것을 보면
분명 우리와는 다르다.

6근이 일으키는 각종의 '형상'에 대해,
나와 남을 가르지 않고
그것들에 집착하지 않는다.
실로 이런 경지는 우리가 추구하는
'형상에 거주하되 형상을 초월한 삶'과 유사해 보인다.

조주가 대답하였다.
"급한 물살에 공을 때리는 격이지."

맞다. 갓난아이처럼 6근을 부려라.
급한 물살에 공을 때리면
그 흔적이 남을 수 있겠는가?
순간순간 끊임없이 흐르는 물살이

공이 부딪치는 흔적을 곧장 지워 버릴 것이다.

갓난아이가 6근을 부리는 것도 그렇다.
매 순간 보고 듣고 냄새를 맡고 맛을 보며
만지고 정보를 종합하나,
그러한 '형상'들에 조금도 집착하지 않는다.

조금도 뒤를 돌아보지 않고 '순간'을 살아간다.
매 순간 자신의 마음에 들어온 무수한 형상들을
곧장 급한 물살에 흘려보내 버린다.
갓난아이는 '형상'에 집착하지 않는다.
그러니 조금도 흔적이 남지 않는 것이다.

그 스님이 다시 투자에게 물었다.
"급한 물살에 공을 때리는 격이라는 것은 무슨 뜻입니까?"
투자가 대답하였다.
"생각 생각이 조금도 정체되지 않는 것이지."

우리가 버려야 할 것은 '형상'이 아니다.
우리가 진정 버려야 할 것은
형상에 대한 '집착'이다.

갓난아이처럼 6근을 자유롭게 부리되,
6근에 의해 우리 마음에 떠오른

각종의 '형상'들을 곧장 내려놓을 수 있어야 한다.

하나의 형상에 집착해서는 안 된다.
그러면 곧장 마음에 '정체'가 발생할 것이다.
우리 마음이 답답해질 것이다.
번뇌와 망상으로 오염될 것이다.

오직 모를 뿐이다!
오직 내려놓을 뿐이다!
매 순간 놓고 가는 삶을 살아야 한다.
갓난아이처럼 살아야 한다.
그래야 부처의 자리에 들어갈 수 있을 것이다.

원만한 법신을 성취하는 길

반야다라 존자, 글자가 없는 경전

운문, 옛 부처와 돌기둥이 사귀는 경지

운문, 33천의 콧구멍을 막고 동해의 잉어를 때려잡다

오조, 어느 것이 진짜 몸인가

운문, 하늘과 땅을 삼키는 주장자

七

원만한 법신을 성취하라

원만한 법신을 성취하는 길

원元나라의 고승이던 몽산夢山 스님의
『몽산법어夢山法語』에 다음과 같은 말이 전해 온다.

"깨달은 뒤에 만약 스승을 만나지 못하면,
(참나 각성 이후의) 뒷일을 깨닫지 못하게 될 것이니,
그 해로움이 하나만이 아니다.
만약 부처와 조사의 기연機緣에 대해
이해가 안 되는 곳이 있으면
깨달음이 옅어서 현묘함을 다하지 못한 것이다.

이미 현묘함을 다했거든
또한 물러나서 자취를 감추고,
깨달음을 잘 보호하고 배양하여 역량을 온전히 갖추고,
불교의 대장경과 유교·도교의 책들을 모두 보고
수많은 생의 '습기習氣'를 녹여서,
청정하여 끝이 없으며 둥글고 광명하여 걸림이 없어야 한다.

그래야 비로소 높이 날며 멀리 날아
거의 광명이 성대하여 앞서가신 조사들의 종풍을
더럽히지 아니하게 될 것이다.

만약 옛날 행동하는 버릇을 고치는 것에 미진함이 있으면
곧장 범상한 무리로 떨어지고 말 것이다.
또한 말할 때는 깨친 듯하나,
경계를 대하면 도리어 미혹하여
말하는 것이 술에 취한 사람 같으며,
하는 짓이 속물들과 같아서
기틀의 숨고 나타남을 알지 못하며,
말의 바르고 사특함을 알지 못하여
인과법칙을 무시한다면 지극히 큰 해로움이 될 것이다.
앞서간 선배들의 바르고 사특함이 큰 본보기가 될 것이다.

일을 마친 사람은 생사의 언덕에서
거친 것을 미세하게 바꾸며
짧은 것을 길게 바꾸어,
'지혜가 광명한 해탈'(智光明解脫)로
일체 만물을 나투는 최고의 삼매를 얻을 것이니,
이 삼매로 '생각으로 만드는 몸'(의생신意生身)을 얻고,
향후에 능히 '신묘하게 나투어
믿음을 주는 몸'(妙應身信身)을 얻을 것이다.
진리는 큰 바다와 같아서 들어갈수록 더욱 깊어질 것이다.

달마가 송㈮하여 이르셨다.
부처의 심법을 깨달음에는 평등하여 차별이 없으나,
'실천하는 것'(行)과 '아는 것'(解)이 서로 상응해야
'조사㊗師'라고 일컬을 수 있을 것이다."

"깨달은 뒤에 만약 스승을 만나지 못하면,
(참나 각성 이후의) 뒷일을 깨닫지 못하게 될 것이니,
그 해로움이 하나만이 아니다.
만약 부처와 조사의 기연에 대해
이해가 안 되는 곳이 있으면
깨달음이 옅어서 현묘함을 다하지 못한 것이다.

우리가 스스로 공부를 하다가
자신의 순수한 본성을 선명히 알아차리더라도
여기가 끝이 아니라는 말이다.

반드시 눈이 밝은 스승,
참나를 원만히 깨친 스승을 찾아가서
'견성'을 검증받고
견성 이후의 길에 대한 가르침을 들어야 한다.
스승의 검증과 가르침을 받지 못하고서는
'견성 이후의 길'에 무지하게 된다.

참나를 깨친 것이 공부의 끝이 아니다.
참나가 지닌 무한한 공덕을
이 현상계에 남김없이 드러내는 것,
이것이야말로 참된 부처에 이르는 길이다.
그러기 위해서는 첫째로 자신의 본래면목인
'참나'를 명확히 체득해야 한다.

시간과 공간을 초월하여
세세생생 늘지도 줄지도 않으면서,
광명하게 빛나는 '자신의 본래면목'을 여실히 깨쳐야 한다.
그래야만 견성 이후 이어지는 부처에 이르는 길을
실수 없이 밟아 갈 수 있다.

만약 부처와 조사의 기연,
즉 각종의 선문답에 대해 두루 밝지 못하다면
참나의 각성에 부족함이 있는 것이니,
옛 부처와 조사의 기연들을 남김없이 살펴보아
자신이 깨달은 바와 묵묵히 합해 보아야 한다.

이미 현묘함을 다했거든
또한 물러나서 자취를 감추고,
깨달음을 잘 보호하고 배양하여 역량을 온전히 갖추고,
불교의 대장경과 유교·도교의 책들을 모두 보고
수많은 생의 '습기'를 녹여서,
청정하여 끝이 없으며 둥글고 광명하여 걸림이 없어야 한다.
그래야 비로소 높이 날며 멀리 날아
거의 광명이 성대하여 앞서가신 조사들의 종풍을
더럽히지 아니하게 될 것이다.

자신의 '견성'이 명확하고
스승에게 견성 이후의 길에 대해 가르침을 들었거든,

조용히 은거하여 '원만한 법신'을 성취하는 데
총력을 기울여야 한다.

아무리 자신의 본래면목을 알았다고 하더라도,
자신의 무의식에 세세생생 저장되어 있는
'습기'를 청정하게 정화하지 못한다면,
원만한 법신이 되지 못하는바,
지혜롭고 자비로우신 부처님의 경지에 도달하지 못한다.

습기와 업장이 덜 정화된 만큼,
'무지'는 '지혜'를 가릴 것이며
'아집'은 '자비'를 가릴 것이다.
그래서 무지와 아집에 가득 찬
반쪽짜리 법신이 되고 말 것이다.

수많은 생애를 거치면서 누적되어 온
자신의 습기·업장을 녹이기 위해서는
'참나의 빛'을 활용하여야만 한다.
시공을 초월하는 참나의 빛이 아니고서는
습기를 녹일 수 없다.

항상 깨어있으면서
자신의 마음을 유혹하는 형상에 끌려가지 않고,
자신의 습기에서 올라오는 무수한 충동들을

하나씩 지혜롭게 극복할 때,
우리의 습기는 조금씩 정화된다.

그러기 위해서는
불교의 대장경은 물론이거니와
유교와 도교의 경전들 또한 두루 보아야 한다.
각 종파의 경전에는
우리의 습기와 업장을 정화하는 요결들이 담겨 있다.

'불교의 경전'에는 참나를 각성하고 업장을 정화하는
신비의 묘결이 담겨 있으며,
'유교의 경전'에는 나와 남을 둘로 보지 않고
세상에 나아가 중생을 구제하는 묘결이 담겨 있고,
'도교의 경전'에는 원만한 법신의 상징인
변화자재의 색신을 이루는 묘결이 담겨 있다.

만약 옛날 행동하는 버릇을 고치는 것에 미진함이 있으면
곧장 범상한 무리로 떨어지고 말 것이다.
또한 말할 때는 깨친 듯하나,
경계를 대하면 도리어 미혹하여
말하는 것이 술에 취한 사람 같으며,
하는 짓이 속물들과 같아서
기틀의 숨고 나타남을 알지 못하며,
말의 바르고 사특함을 알지 못하여

인과법칙을 무시한다면 지극히 큰 해로움이 될 것이다.
앞서간 선배들의 바르고 사특함이 큰 본보기가 될 것이다.

비록 일시적으로 시공을 초월하여
'나'라고 하는 것이 불멸함을
직접적인 체험을 통해 깨달았다고 하나,
무지와 아집으로 가득 찬
업장을 정화하지 못한다면,
지혜가 부족하고 아집에서 벗어나지 못하여
도로 범상한 무리로 돌아가고 말 것이다.

일을 마친 사람은 생사의 언덕에서
거친 것을 미세하게 바꾸며
짧은 것을 길게 바꾸어,
'지혜가 광명한 해탈'(智光明解脫)로
일체 만물을 나타내는 최고의 삼매를 얻을 것이니,
이 삼매로 '생각으로 만드는 몸'(의생신)을 얻고,
향후에 능히 '신묘하게 나투어
믿음을 주는 몸'(妙應身信身)을 얻을 것이다.
진리는 큰 바다와 같아서 들어갈수록 더욱 깊어질 것이다.

자신을 돌아봄을 통해 우리는
곧장 '참나'의 각성에 이를 수 있다.
그러나 이것이 공부의 끝이 아니다.

정작 진정한 공부는 이러한 깨달음 이후에 시작된다.

모든 업장에서 자유를 얻어,
영계의 몸인 '보신報身'과
물질계의 몸인 '화신化身'을 자유로이 나투는
원만한 '법신法身'을 성취하는 것,
이것이야말로 참나를 깨달은 자들이
나아가야 하는 참다운 길이다.

그래서 『법집경法集經』에서
"단지 참나만 증득한 것을 즐거워하지 않고,
부처님께서 갖추신 장엄한
색신(보신·화신)의 성취를 즐거워한다."라고 한 것이다.

참나를 깨치는 것은 '돈오頓悟'(단박 깨달음)이다.
그러나 수많은 생의 습기를 모두 정화시키고
부처의 경지에 이르기 위해서는
끝없는 닦음인 '점수漸修'(점진적 닦음)가 필요하다.

원만한 법신을 성취하기 위해서는
'참나의 각성' 이후 끝없는 닦음이 필요하다.
그리하여 참나가 지닌 현묘한 공덕들을
남김없이 두루 펼쳐 보일 수 있어야 한다.
중생이 있는 곳이라면 어디나

그 모습을 나타내어 구제할 수 있는
'생각으로 만드는 몸'(의생신)을 나툴 수 있어야 한다.

초기경전인 『사문과경沙門果經』에서도
참나의 각성 이후 무엇보다
'의생신'을 만들 수 있어야 한다고 말한다.

"사문은 이와 같이 명상에 들어 4선정의 마음에서
'생각으로 만드는 몸'(意生身·意成身)을 만드는 것에
마음을 기울이게 됩니다.
그리하여 그는 이 육신으로부터
다른 몸뚱이를 변화시켜 나투게 됩니다.
색깔을 지니고 있으며,
여러 가지 각 부분들을 두루 갖추고 있으며,
감각기관이 열등하지 않은 몸을
바꾸어 나투게 되는 것입니다.

어떤 사람이 뱀에게서 허물을 벗겨 내고는
'이것이 뱀이고 저것은 허물이다. 뱀과 허물은 다르다.
저 허물은 뱀으로부터 벗겨 낸 것이다.'라고
생각할 것입니다."

'의생신'이란 생각으로 만든 일체의 몸을
모두 총괄하여 이르는 말이다.

그러니 엄밀히 말하면 '보신'도 의생신이며,
'화신'도 의생신이다.

현상계에서 임의로 몸을 나타낼 수 있어야
자유자재로 중생을 구제할 수 있기 때문에,
'의생신'은 부처님 당시부터 강조되어 온 것이다.
중생이 도움을 청하는 곳이면
어디건 나타나서 신묘하게 응하여
중생들에게 믿음을 줄 수 있어야 한다.

그래서 대승경전인 『해심밀경解深密經』에서도
다음과 같이 말하는 것이다.

"방편과 반야(지혜)를 지극히 잘 닦아서
광명히 연마하여 집대성한 여래의 '법신'은
큰 지혜의 광명함(보신)을 발출하고,
각종의 '화신'의 영상을 나타낼 수 있다.
그러나 소승의 '해탈신'으로는
절대로 그러한 일을 할 수 없다."

『해심밀경』에서 말하는 '법신'이란
온갖 방편과 반야를 두루 닦아 원만해져서
보신과 화신을 자유자재로 나투는 부처의 몸을 말하며,
'해탈신'이란 단지 열반의 청정함만을 얻었으나

지혜와 화신을 자유롭게 나타내지 못하는
소승 성자의 몸을 말한다.

『해심밀경』에 의거해 볼 때,
지수화풍의 진정한 주재자가 되어
자유로이 '보신'과 '화신'을 만들어 내지 못하는 한,
'부처의 법신'을 이룬 것이 아니다.
단지 자신의 내적 열반만 체득한
'소승의 해탈신'을 이룬 것일 뿐이다.

'지地·수水·화火·풍風'의
진정한 주재자가 되기 위해서는,
무엇보다도 지수화풍에는 '3단계'가 존재한다는
사실을 알아야 한다.

첫째로 '거친 지수화풍'이 있다.
이는 우리가 흔히 보고 만져 볼 수 있는
일반적인 흙·물·불·바람을 말한다.
우리의 물질적 몸인 '화신化身'의 재료가 된다.

둘째로 '미세한 지수화풍'이 있다.
이는 우리의 거친 육신보다 미묘한 몸인
영계의 몸, '보신報身'의 재료가 되는
미세한 지수화풍이다.

셋째는 '청정한 지수화풍'이다.
일체의 시간과 공간을 초월하여 존재하는
청정한 '법신法身'의 재료가 되는 것으로,
불멸하는 부처의 몸을 이루는 순수한 지수화풍을 말한다.
순수하고 청정한 생명 에너지의 표현이다.

이상의 3단계의 지수화풍을 알았다면,
'거친 지수화풍'은 '미세한 지수화풍'에 뿌리를 두며,
'미세한 지수화풍'은 '청정한 지수화풍'에
뿌리를 둔다는 사실을 알아야 한다.

청정한 지수화풍의 주재자가 되어
청정한 '법신'을 이룰 수 있다면,
자유자재로 미세한 지수화풍을 뭉쳐
원만한 '보신'을 이룰 수 있으며,
거친 지수화풍을 뭉쳐서
수많은 '화신'을 만들 수도 있다.

일체의 업장을 정화하여
'보신'과 '화신'을 자유로이 나툴 수 있는 '법신'을
'원만한 법신'이라고 부르는 것도
바로 이런 이유 때문이다.

또한 '지수화풍'을 다스리기 위해서는

무엇보다 '바람(風)'을 다스릴 수 있어야 한다.
지수화풍의 핵심은 '바람'이다.
땅과 물과 불은 모두 '바람'이
기체와 액체, 고체로서 거칠게 작용한 것을 말한다.

바람이 뜨거워지면 불이 되며,
바람이 액화되면 물이 되며,
바람이 굳어져 고체가 되면 땅이 된다.
그러니 4대 원소를 다스리기 위해서는
무엇보다 '바람'을 다스릴 수 있어야 한다.

가벼운 것은 위로 뜨고
무거운 것은 밑으로 가라앉는 것이 자연의 이치이니,
기체에 해당하는 '바람'과 '불'은
우리의 머리 부위에서 왕성하며,
액체와 고체에 해당하는 '물'과 '땅'은
아랫배 부위에서 왕성하다.

진리의 수레바퀴로 돌려서,
이렇게 남북으로 서로 떨어져 있는
'상단전의 불기운'(바람·불)과
'하단전의 물기운'(물·땅)을
하나의 순환 속에 포함시켜 굴리는 것을
'법륜法輪'이라고 한다.

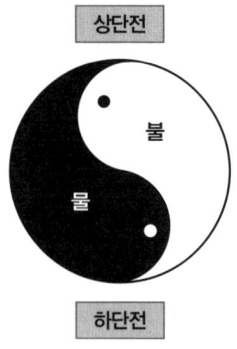

[불과 물의 변화]

진정한 부처와 조사라면,
진리의 수레바퀴인 법륜을
자유자재로 굴릴 수 있어야 한다.
그래야 지수화풍을 하나로 부릴 수 있으며,
법신과 보신, 화신을 자유자재로 다룰 수 있다.

이러한 내용은 중국 도교의 내용과 상통하는 바가 많은데,
인도 불교의 밀교 수련법으로 지금까지 전해져 온다.
외로운 법신만 지켜서는 소승을 면하기 힘들 것이다.

달마가 송하여 이르셨다.
부처의 심법을 깨달음에는 평등하여 차별이 없으나,
'실천하는 것'(行)과 '아는 것'(解)이 서로 상응해야
'조사'라고 일컬을 수 있을 것이다."

'지수화풍'의 주인공이 되어
현상계에 자유자재로 몸을 나투며,
중생의 세계에 직접 뛰어들어
중생들과 자유로이 수작할 수 있어야,
위대한 부처님의 참다운 제자가 될 수 있다.

중생에게 나아가 중생을 돕는
보살의 삶은 '유교'와 상통하며
지수화풍을 부려서 의생신을 나투는
가르침은 '도교'와 상통한다.
그래서 몽산 스님이 유교나 도교의 경전도
부지런히 읽으라고 한 것이다.

'청정한 법신'과 '신묘한 색신'(보신·화신)을
자유자재로 부려야
앎과 실천이 결합된 진정한 부처이자
보살이며 조사이다.
'법신'의 각성은 '돈오'와 통하며
'색신'의 완성은 '점수'와 통한다.

또한 '돈오'는 대승불교의 '공종空宗'과 통하니
본래 공함(참나의 본체)을 각성하는 것을 주로 하며,
'점수'는 대승불교의 '상종相宗'과 통하니
법신과 보신, 화신을 두루 완성하여

부처의 원만한 공덕(참나의 작용)을 성취하는 것을 주로 한다.

참나의 본체와 작용을 두루 밝혀내야
'앎'과 '실천'이 하나가 된 진정한 '조사'가 될 수 있다.
선불교는 주로 공종의 견해를 중시하나
상종의 입장, 점수의 입장도 분명히 전해 온다.

참다운 조사라면
일체의 무명을 완전히 제거하여
청정한 '법신'을 완전히 드러내는,
큰 거울과 같이 원만한 지혜인
'대원경지大圓鏡智'를 이루어야 한다.

동시에 광명한 지혜를 얻어
원만한 '보신'을 나타낼 수 있는,
나와 남을 둘로 보지 않는 '평등성지平等性智'와
만물을 신묘하게 관찰하는
'묘관찰지妙觀察智'도 이루어야 한다.

그리고 천지사방에 '화신'을 나타낼 수 있는,
현상계의 지수화풍을 자유로이 부리는 지혜인
'성소작지成所作智'도 이루어야 하는 것이다.
이 4종 지혜를 두루 갖출 때 참다운 '부처'라 할 수 있다.

1

반야다라 존자, 글자가 없는 경전

동인도의 국왕이 인도의 제27대 조사인
반야다라 존자를 초청하여 설법을 들었다. 국왕이 물었다.
"스님께서는 왜 경전을 보지 않으십니까?"

조사가 대답하였다.
"빈도는 숨을 들이쉴 때 5음·18계에 머물지 않으며,
숨을 내쉴 때는 일체의 인연에 걸리지 않습니다.
늘 이와 같이 경전을 보고 있으니,
백만 천만 억 권의 경전을 보는 것과 같습니다."

擧 東印土國王 請二十七祖般若多羅齋 王問曰 何不看經 祖云 貧道入息不居陰界 出息不涉衆緣 常轉如是經 百千萬億卷

(종용록)

동인도의 국왕이 인도의 제27대 조사인
반야다라 존자를 초청하여 설법을 들었다. 국왕이 물었다.
"스님께서는 왜 경전을 보지 않으십니까?"

동인도의 국왕은 의심스럽다.
이상한 일이다.
고승인 반야다라 존자는 '경전'을 보지 않는다.
경전을 보지 않고 어떻게 진리를 깨닫는다는 말인가?

불법이 글자로 새겨져 있는 경전을 보지 않고
어떻게 부처의 경지에 이를 수 있다는 말인가?
국왕은 궁금함을 참지 못하고
반야다라 존자에게 질문하였다.
그대는 왜 경전을 보지 않으십니까?

조사가 대답하였다.
"빈도는 숨을 들이쉴 때 5음·18계에 머물지 않으며,
숨을 내쉴 때는 일체의 인연에 걸리지 않습니다.
늘 이와 같이 경전을 보고 있으니,
백만 천만 억 권의 경전을 보는 것과 같습니다."

국왕이여, '경전'이란 무엇입니까?
경전은 불법에 이르는 길을
가리키는 나침반에 불과합니다.

그러나 진리를 가리키는 나침반은
'경전'만 있는 것이 아닙니다.
매 순간 들이쉬고 내쉬는 이 '호흡' 또한
진리를 가리키는 나침반입니다.
이 호흡을 통해서도
우리는 '참나'를 깨달을 수 있습니다.

불교의 초기경전에 해당하는 『출입식념경』
즉 '호흡을 알아차리는 것을 설한 경전'에서,
부처님께서는 다음과 같이 설명하고 있다.

"비구들이여, 들숨과 날숨에 대한 알아차림을 닦고
거듭거듭 행하면 큰 결실이 있고 큰 이익이 있을 것이다.

비구들이여, 들숨과 날숨에 대한 알아차림을 닦고
거듭거듭 행하면 '4념처四念處'
즉 오감(身)·느낌(受)·마음(心)·법칙(法)에 대한
알아차림을 성취하게 된다.

비구들이여, 4념처를 닦고 거듭거듭 행하면
'7가지 깨달음의 요소'(七覺支)
즉 알아차림·진리의 선택·정진·기쁨과
경쾌함·고요함·평정심을 성취하게 된다.

비구들이여, 7각지를 닦고 거듭거듭 행하면
참된 지혜와 해탈을 성취하게 된다."

부처님은 우리가 '호흡'만
잘 알아차리고 관찰하면,
'지혜'를 이루고 '해탈'에 이를 수 있다고 설파하신다.
부처의 가르침대로 반야다라 존자는
'호흡'을 통해 해탈에 도달하였다.

국왕이시여, '호흡'을 통해
깨달음에 이르는 방법은 다음과 같습니다.
숨이 들어오고 나가는 것을 바라보십시오!
숨이 우리 몸속에 들어오면서
일어나는 모든 느낌을 빠짐없이 느껴 보십시오.
반대로 숨이 몸에서 나가는 것을
밀착하여 관찰하고 알아차리십시오.

오직 숨이 들어오고 나가는 것만을
바라보고 느껴야 합니다.
시간도 공간도 잊고
일체의 개념을 버리고
'호흡'에만 집중하십시오.
호흡 외에 다른 곳을 향하는 마음이 일어난다면
일절 무시하십시오.

"모른다!"라고 외치십시오.
그리고 다시 호흡에 집중하십시오.

우리가 '호흡'에 온전히 몰입할 수 있다면,
우리는 시간과 공간을 잊게 되고
나와 남, 오감과 마음을 모두 잊게 될 것입니다.
이때 우리의 내면은 고요해지고
맑아지고 밝아질 것입니다.

한량없는 평화가 우리의 내면을 가득 채울 것입니다.
이때 호흡을 '알아차리는 자'를 직시한다면,
그 자리야말로 우리의 본래면목임을 확연히 알 수 있을 것입니다.

국왕이여, 저는 숨을 들이쉬며
일체의 현상계를 이루는 '5음과 18계'를 초월합니다.
객관적 표상(色)·느낌(受)·생각(想)·의지(行)·식별(識)의
'5음五陰'을 초월하여
그것을 '알아차리는 자'로 존재하며,

시각·청각·후각·미각·촉각·의식의
'6가지 인식'(六識),
눈·귀·코·혀·몸뚱이·마음의
'6가지 인식기관'(六根),
색깔·소리·냄새·맛·촉감·법칙의

'6가지 인식 대상'(六境)으로 이루어진
'18가지 경계'를 초월하여
그것을 '알아차리는 자'로 존재합니다.

또한 숨을 내쉴 때는
일체의 현상계를 초월하여
오감과 마음의 뿌리가 되는
'알아차리는 자'로 존재합니다.

'호흡'은 인연법의 하나로
5음과 18계로 이루어진
무상한 형상 중의 하나일 뿐입니다.
그러나 일체의 개념적 사유 없이
오직 '호흡'만을 깨어서 바라보면,
호흡이 들어오고 나가는 것을
'알아차리는 자'를 느끼고 체험하게 됩니다.
그것이 바로 '부처의 마음'입니다!

이러니 저는 경전을 볼 필요가 없습니다.
경전 또한 이 마음을 가리키고 있을 뿐입니다.
매 순간 저는 제 자신의 '호흡'을 관찰하면서
진리에 도달합니다. 부처의 마음에 도달합니다.

국왕이여, 들어오면 나가고

나가면 들어오는 '호흡'을 통해
무상無常한 현상계의 본질을 느낍니다.
그리고 호흡을 '알아차리는 자'를 체험함으로써,
청정한 제 자신의 '본래면목'을 직접 느낍니다.
그래서 따로 경전을 보지 않는 것입니다.
국왕이여, 이 도리를 알겠습니까?

반야다라 존자는 '호흡'을 통해
일체의 형상을 바라보며,
호흡을 '알아차리는 자'로 존재하며
일체의 형상을 초월한다.

우리가 마음을 모아 집중할 수 있는
현상계의 대상은 수없이 많다.
그런데 그중에서 하필 '호흡'이
가장 중시되는 것은 무엇 때문일까?

물론 '호흡'이 다른 집중 대상보다
유리한 점은 손쉽게 찾을 수 있다.
우리가 익히 알듯이 마음이 요동하면 호흡이 요동하며
몸이 흥분하면 호흡이 거칠어진다.
그리고 반대로 호흡이 차분해지면
마음이 가라앉게 되며
몸이 안정을 되찾게 된다.

호흡은 우리의 몸과 마음을
효과적으로 다스릴 수 있는 최고의 열쇠인 것이다.

그런데 여기서 한 가지 더 살펴야 할 것이 있다.
그토록 많은 집중 대상 중
부처님께서 '호흡'을 강조하신 것에는
좀 더 깊은 의미가 있는 것이다.

앞에서 이야기했듯이
'원만한 법신'을 이루기 위해서는
자신의 묵은 업장을 청정하게 정화시켜야 한다.
그러한 '업장의 정화'에 있어서,
중요한 사항 중 하나가 바로
현상계를 이루는 '지수화풍'을 다스려
자유자재로 중생을 구제할 수 있는
'의생신意生身'을 나툴 수 있는가이다.

지수화풍을 자유자재로 다스리는 존재만이
진정한 부처의 경지에 이를 수 있으며,
온 우주의 중생을 남김없이 구제할 수 있는
무한한 능력을 얻게 된다.
그런데 '지수화풍' 중 가장 핵심이 되는 것은
바로 '풍風' 즉 '바람'이다.
그렇다면 우리는 어떻게 바람을 다스릴 수 있는가?

바로 '호흡'을 통해서이다.

'호흡'은 바로 인체의 바람이다.
우리는 호흡을 다스림으로써
'거친 지수화풍'으로 이루어진
우리의 '육신'을 다스릴 수 있으며,

나아가 '청정한 지수화풍'에 바탕을 두고
'미세한 지수화풍'으로 이루어진,
정토의 몸인 '보신'을 성취할 수 있다.
물론 이 보신은 '거친 지수화풍'으로 이루어진
'화신'의 바탕이 된다.

'에고의 공함'(我空)을 넘어서
'만법의 공함'(法空)을 온전히 깨닫고자 한다면
'호흡'을 다스리지 않고는 불가능할 것이다.
이것이 옛 부처와 조사들이
그토록 호흡을 중요시한 이유이다.

2

운문, 옛 부처와 돌기둥이 사귀는 경지

운문雲門 스님께서 설법하셨다.
"'옛 부처'가 '돌기둥'과 더불어 사귀었다.
이것은 어떠한 경지인가?"

대중이 말이 없자, 스스로 대신하여 말하였다.
"남산에 구름이 일어나니
북산에 비가 내린다!"

擧 雲門垂語云 古佛與露柱相交 是第機機 衆無語 自代云 南山雲北山下雨

(종용록·벽암록)

운문 스님께서 설법하셨다.
"'옛 부처'가 '돌기둥'과 더불어 사귀었다.
이것은 어떠한 경지인가?"

'옛 부처'(古佛)는 무엇이며,
'돌기둥'은 무엇인가?
또한 이 둘이 만나는 소식은 무엇인가?
참으로 수수께끼 같은 선문답임에 틀림없다.

자, 하나씩 살펴보기로 하자.
먼저 '옛 부처'란 무엇인가?
우리는 아주 먼 태고의 옛날부터
지금에 이르기까지
'불성'을 잃어버린 적이 없다.
그러니 우리의 본래면목이야말로
'오래된 부처'라 이를 만하다.

그렇다면 옛 부처와 상대가 되는
'돌기둥'은 무엇인가?
여기서 말하는 돌기둥은 '절간 기둥'(露柱)으로
절 앞에 있는 나무나 쇠로 만든 기둥을 말한다.

이것은 '남자의 성기'를 상징하는 것으로,
'쿤달리니Kundalini'라고 불리는

'청정한 에너지'를 나타낸다.
이 에너지는 생명 창조의 바탕이 되며,
'성 에너지의 근원'이 된다.

도대체 '청정한 법신'과
강력한 성 에너지의 근원인 '청정한 에너지'가 만나서
무슨 일을 벌이는 것인가?
앞에서 이야기했던
'원만한 법신'을 이루기 위한 조건을 기억하라.

'청정한 법신'이 원만한 공덕을
두루 갖추어 거듭나기 위해서는
지수화풍의 진정한 주재자가 되어야 한다.
단순한 '참나의 각성'만으로는
'원만한 법신'을 이룰 수 없다.

'청정한 에너지'(청정한 지수화풍)를 몸으로 삼아,
보신·화신을 자유자재로 나투는
진정한 법신으로 거듭날 때,
지수화풍의 주재자인 '원만한 법신'이 될 수 있는 것이다.

우리 몸에 존재하는 '청정한 에너지'는
'청정한 불기운'(바람·불)과
'청정한 물기운'(물·땅)을 말한다.

이것은 생명을 창조하는 근원적 바탕이 된다.

'법신'이 '참다운 몸'을 갖추는 것,
이것이야말로 운문이 말하는
옛 부처와 돌기둥이 만나는 경지이다.

이 경지야말로 법신이 진리의 수레바퀴를 굴려
'물'(하단전의 물기운)과 '불'(상단전의 불기운)을 합일시켜
천백억 화신을 자유자재로 나타내는 경지를 말한다.

대중이 말이 없자, 스스로 대신하여 말하였다.
"남산에 구름이 일어나니
북산에 비가 내린다!"

'남산'은 남쪽 즉 낮은 곳에 위치한 산을 말하니
물기운이 왕성한 '아랫배의 상단전'을 말하며,
'북산'이란 북쪽 즉 높은 곳에 위치한 산을 말하니
불기운이 왕성한 '머리의 상단전'을 말한다.

하단전에 위치한 '물'은
상단전에서 내려온 '불'의 열기에 의해
덥혀져 기화되어 하늘(상단전)로 오르게 되며,

머리에 위치한 '불'은

아랫배에서 올라온 '물'의 냉기에 의해
식혀져 액화되어 땅(하단전)으로 내려간다.

이것이 바로 남산(하단전)에서 구름이 일어
북산(상단전)에서 비가 내리는 소식이며,
진리의 수레바퀴가 '지수화풍'을
하나로 굴리는 소식이다.

부처와 기둥이 서로 사귀는 소식이
'참나'와 '청정한 지수화풍'의 사귐을 말한 것이라면,
남산과 북산의 사귐은
'하단전의 물기운'과 '상단전의 불기운'이 사귐을 말한 것이다.

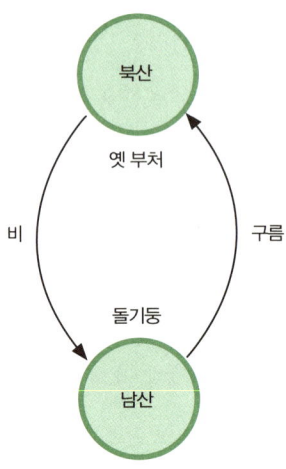

[남산과 북산의 사귐]

그래서 행수行秀 선사는 『종용록從容錄』에서
이 구절을 다음과 같이 풀이한 것이다.

"높고 낮은 곳에 위치한
산과 물이 함께 작용하며
근본적인 법륜을 굴린다."
高低嶽瀆共轉根本法輪

구름이건 비이건 모두 '물'이며,
물은 생명 창조의 씨알이 된다.
다만 '구름'은 낮은 산(하단전)에
머물던 액화된 물이 기화되어 치솟은 것이며,
'비'는 높은 산(상단전)에 머물던
기화된 물이 냉각되어 액화되어 물로 흘러내린 것이다.

이러한 '물과 불'의 쉼 없는 순환을 통해
'바람'은 충만해지고 '땅'은 굳건해지니,
법신은 '지수화풍의 주재자'로 거듭나게 된다.
이것이 참나를 깨친 이후의 길이다.

3
운문, 33천의 콧구멍을 막고 동해의 잉어를 때려잡다

한 스님이 건봉乾峯에게 물었다.
"시방의 세존世尊들이 한 길로
열반의 문에 들어간다고 합니다.
도대체 그 길이 어디에 있는 것입니까?"

건봉이 주장자로 '한 획'을 긋고는 말하였다.
"바로 이곳이다!"

그 스님이 운문雲門에게도 같은 질문을 하였다.
운문이 대답하였다.
"이 '부채'가 한 번에 33천까지 솟아올라
제석천의 콧구멍을 막아 버리고,
동해의 잉어를 한 방에 때려잡아
동이가 엎어진 듯 비가 쏟아지게 한다.
이 말을 이해하겠는가?"

● 월주건봉越州乾峯(? ~ ?) : 조동종의 개조인 동산양개洞山良价의 법을 계승하였다.

擧 僧問乾峯 十方薄伽梵 一路涅槃門 未審路頭在甚麼處 峯以拄杖
一畫云 在這裏 僧擧 問雲門 門云 扇子䟦跳上三十三天 築著帝釋鼻
孔 東海鯉魚 打一棒 雨似盆傾 會麼會麼

(종용록·무문관)

한 스님이 건봉에게 물었다.
"시방의 세존들이 한 길로
열반의 문에 들어간다고 합니다.
도대체 그 길이 어디에 있는 것입니까?"

"상하·사방팔방"의 모든 부처님들이
모두 '하나의 길'을 통해
열반에 들어가셨다고 한다.
과연 그 길은 어디에 있는가?

건봉이 주장자로 '한 획'을 긋고는 말하였다.
"바로 이곳이다!"

건봉은 말한다.
그대는 온 우주의 모든 부처님들이
공통으로 걸었던 '하나의 길'이라는
개념과 형상에 집착하고 있다.
그대의 마음에 이미 하나의 개념이 들어선 이상,
그대는 자유로울 수 없다.

바로 그것을 내려놓아야 한다.
개념과 형상으로는 열반에 들어갈 수 없다.
오직 모든 것을 내려놓은 마음만이
차원을 넘어서 부처의 경지에 이를 수 있다.

3차원의 세계를 아무리 뒤지고 다녀도
4차원의 세계를 찾을 수는 없다.
곧장 3차원을 초월하여
4차원으로 나아가기 전에는,
꿈에도 4차원을 구경할 수 없다.

그래서 "큰 도는 문이 없다!"(大道無門)라고 하는 것이다.
현상계에는 도(절대계)에 들어가는 문이 없다.
차원이 다르니 현상계에서는 그 문을 찾을 수 없다.
그러나 동시에 현상계의 모든 곳이 문이기도 하다.
어떠한 곳에 있건 현상계의 조건들을
내려놓는 순간 곧장 도에 이를 것이니 말이다.

모든 부처들이 걸었던
공통된 '하나의 길'을 묻는 한 스님에게
건봉은 곧장 '한 획'을 그어 보인다.
"보라, 바로 여기가 그 길이다!"

부처님들이 걸었던 '길'을
찾아 헤매지 말라.
그대가 온 우주를 헤매고 다녀도
그 길을 찾을 수는 없을 것이다.

그대여, 지금 여기서 곧장

그대의 개념을 내려놓아라.
그대가 일체의 알음알이를 내려놓고
오직 '알아차리는 자'(一心)로만 존재할 때,
그대는 곧장 '부처의 마음'에 이르게 될 것이다.
이 길이야말로 모든 부처님들이
열반에 들어간 '하나의 길'이다.

모든 부처님들이 공통으로
열반에 들어가는 한 길을 묻는 스님에게
건봉은 지금 여기서 곧장
모든 개념을 초월하라고 말하고 있다.

그 스님이 운문에게도 같은 질문을 하였다.
운문이 대답하였다.
"이 '부채'가 한번에 33천까지 솟아올라
제석천의 콧구멍을 막아 버리고,
동해의 잉어를 한 방에 때려잡아
동이가 엎어진 듯 비가 쏟아지게 한다.
이 말을 이해하겠는가?"

이번에는 운문에게 묻는다.
운문이여, 모든 부처님이 열반에 들어간
'하나의 길'은 무엇입니까?

운문은 건봉과 다르다.
건봉이 곧장 절대계에 이르는
핵심 비결인 '개념의 초월'을 제시했다면,
운문은 원만한 법신을 증득하는
핵심 비결인 '법륜의 운용'을 제시하고 있다.

이 자리를 왜 '부채'라고 하는가?
'지수화풍의 주재자'인
'청정한 에너지를 갖춘 법신'은,
온 우주에 '신령한 바람'을 일으키는 근본이 된다.
이 바람은 불을 일으키기도 하고
물을 흐르게도 하며 땅을 굳어지게 하기도 한다.
그러니 그 신통이 온 우주에 자유자재하다.

우주 꼭대기까지 치솟아
33천에 사는 제석천의 콧구멍도 막을 수 있으며,
동해의 잉어를 한 방에 때려잡아
억수 같은 비를 내리게 할 수도 있다.

대우주에서 일어나는 변화는
소우주에서도 그대로 일어난다.
제석천이 사는 하늘나라인 33천은
인체의 '열기'(火)가 모이는 '머리'를 나타내며,
동해 바다는 '물'(水)이 고이는 곳인

우리의 '아랫배'를 나타낸다.

법신이라는 부채가 일으키는
'신령한 바람'은 아랫배에 '불'을 일으켜서
동해 바다의 '생명의 물'의 근원인
'잉어'를 때려서 하늘로 치솟게 한다.
'잉어'가 치솟아 생명의 물을 이끌고 하늘로 오르면,
온 천지에 비를 뿌리는 '용'이 된다.

이렇게 하늘로 치솟은 '생명의 물'은
머리에 위치한 '생명의 열기'인
'제석천'의 콧구멍을 막아 냉각시키게 된다.
냉각된 열기는 액화되어
아랫배로 다시 흘러내리게 된다.

이것이 하늘의 '불'을 땅으로 내리고
땅의 '물'을 하늘로 올리는(수승화강水昇火降)
'진리의 수레바퀴'(法輪)의 운행이다.

신령한 바람을 일으켜
'법륜'을 자유자재로 굴리는 자만이
온 우주의 지수화풍을 부릴 수 있으며,
지수화풍을 자유로이 부리는 자만이
'원만한 법신'을 성취하여

위대한 원력으로 일체 중생을 구제할 수 있다.

그대여, 모든 부처님들이
열반에 이른 하나의 길을 알고 싶은가?
신령한 바람으로 지수화풍을 자유자재로 운용하는
'원만한 법신'을 성취하라.
그러면 '부처의 공덕'을 얻을 수 있을 것이다.
이것이야말로 모든 부처가 걸은 '하나의 길'이다.

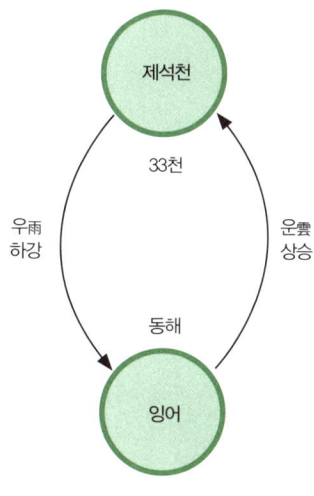

[제석천과 잉어]

4
운문, 하늘과 땅을 삼키는 주장자

운문雲門이 주장자를 들고 대중에게 말하였다.
"주장자가 변화하여
용이 되어 하늘과 땅을 삼켜 버렸다.
산·하천과 대지를
어느 곳에서 찾을 수 있겠는가?"

擧 雲門以拄杖示衆云 拄杖子化爲龍 吞卻乾坤了也 山河大地甚處 得來
(벽암록)

운문이 주장자를 들고 대중에게 말하였다.

운문이 문득 '주장자'를 치켜들었다.
이 주장자는 과연 무슨 물건인가?
앞에서 살펴보았듯이
주장자는 선사들이 '본래면목'의 상징물로
활용하는 물건이다.

그렇다면 운문은
우리의 순수하고 청정한 본래면목에 대한
어떠한 놀라운 소식을 일러 주고자 함인가?

"주장자가 변화하여
용이 되어 하늘과 땅을 삼켜 버렸다.

주장자가 '용'으로 변화한다!
이것은 놀라운 소식이다.
주장자는 과연 무슨 연고로
용으로 변화하는 것인가?

신통묘용을 두루 갖춘
우리의 본래면목인 '주장자'는
'땅'에 해당하는 우리의 아랫배에서
'신령한 바람'(風)을 일으킨다.

이 신령한 바람은 용으로 변화하여,
아랫배에 존재하던 '불(火)'을 일으켜서
아랫배에 고여 있던 '생명의 물(水)'을
하늘(머리)로 올라가게 된다.
이것이 주장자가 용이 되어
하늘로 치솟는 것이다.

열기로 인해 하늘로 치솟은 '용'은
열기가 다함에 곧장 냉각되어
액화되어 '감로수'로 흘러내리게 된다.
이것이 용이 하늘에서 비를 뿌리는 것이다.

용이 하늘과 땅,
즉 머리와 아랫배를 빙글빙글 돎에
'신령한 바람'은 온 천지를 하나로 집어삼킨다.

산·하천과 대지를
어느 곳에서 찾을 수 있겠는가?"

이 상태에 도달하게 되면
일체의 거친 마음과 미세한 마음,
거친 지수화풍과 미세한 지수화풍을
초월하게 된다.
오직 '청정한 에너지'(청정한 지수화풍)로 충만한

'청정한 법신'만 허공에 뚜렷할 것이다.

그러나 이것이 전부가 아니다.
우리의 '청정한 법신'은 죽은 물건이 아니다.
그 자리는 천지를 삼키는 자리인 동시에
천지를 토해 내는 자리이다.

오히려 이 자리에 도달한 자만이
'거칠고 미세한 지수화풍'을 자유자재로 나툴 수 있는
신묘한 경지에 이르게 될 것이다.
통에서 벗어난 자가 통을 굴릴 수 있는 법이다.

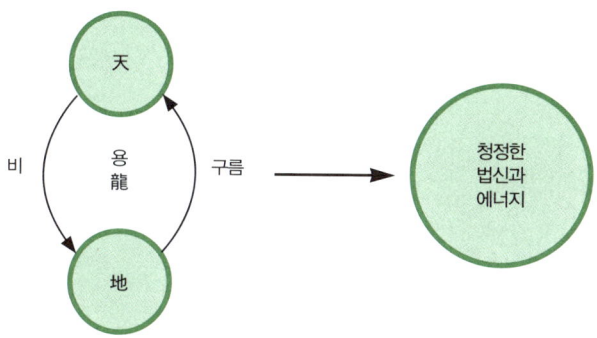

[천지를 삼킨 용]

5 오조, 어느 것이 진짜 몸인가

오조五祖가 한 스님에게 물었다.
"천녀가 혼백을 몸에서 분리했다.
과연 어느 몸이 진짜인가?"

五祖問僧云 倩女離魂 那箇是眞底
(무문관)

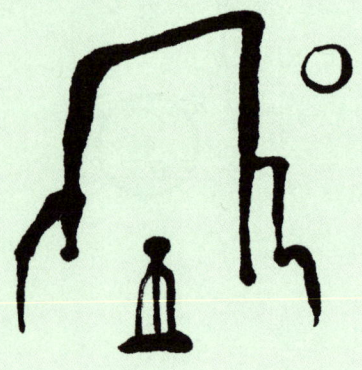

● 오조법연五祖法演(1024~1104) : 송나라의 승려로 백운수단白雲守端의 법을 계승하였다.

오조가 한 스님에게 물었다.
"천녀가 혼백을 몸에서 분리했다.
과연 어느 몸이 진짜인가?"

영화 『천녀유혼倩女幽魂』을 떠올리게 하는
오조 스님이 말하는 천녀倩女의 혼백과 육체의 분리 사건은
『유설이혼기類說離魂記』라는 글에
전해 오는 이야기이다.

옛날 형양衡陽 땅에 사는 장감이라는 사람에게
'천녀倩女'(아름다운 여자를 의미)라는 어여쁜 딸이 있었다.
천녀와 장감의 외조카인 왕주는
어려서부터 서로 연모하는 사이였으나,
그 지방의 고관이 그녀의 미모에 반하면서
서로 헤어져야 할 위기에 처하게 된다.

모든 것을 체념한 왕주는
자신이 천녀의 곁을 떠나기로 결심하고
배를 타고 멀리 떠나려 하였는데,
이때 천녀가 나루터에 나타났다.
둘은 멀리 촉蜀 땅으로 도망가
부부가 되어 아이도 낳고 5년이란 세월을 보내게 된다.

5년이 지난 어느 날부터

천녀가 마음의 병을 앓게 됨에,
부부는 부모님께 정식으로 허락을 받고자
고향으로 돌아오게 된다.

나루터에 천녀를 남겨 두고
혼자서 처갓집을 향한 왕주는
장인 장감에게 그간의 일을 설명하게 된다.
그런데 장감은 크게 놀라고 만다.

그것은 천녀는 그 집을 떠난 적이 없었기 때문이다.
천녀는 5년 동안 규방에서 앓고 있었다.
천녀는 왕주가 떠난 시점부터
말도 없이 술에 취한 사람처럼 모든 힘을 잃고
방에서 앓고 있었던 것이다.

더욱 크게 놀란 왕주는
배에서 천녀를 데려오고,
두 천녀가 만나는 순간
둘은 하나로 합쳐지게 되었다.

이 이야기는 연인을 따라가고자 하는
천녀의 염원이 너무나 간절하여,
혼백이 육체에서 분리된 사건이다.
원래의 육체는 형양 땅에 머물렀으나

천녀의 혼백은 멀리 촉 땅에서 아이를 낳고 살았다.

'혼魂'이란 죽으면 하늘로 올라가는
우리의 생각과 감정을 맡은 영체를 말하며,
'백魄'은 죽으면 땅으로 사라지는
우리의 육체의 작용을 맡은 영체를 말한다.

우리가 흔히 '혼비백산魂飛魄散'했다고
말하는 것은 죽을 뻔했다는 것으로,
혼이 하늘로 날고 백이 땅으로 흩어질 뻔했다는 것이다.

사람이 죽으면 혼이 백을 잃어버린다고 하는데,
이는 사후에 우리의 혼이 육체적 작용은 잃어버리고
생각과 감정을 맡은 영체로만 존재하며,
영계에서 활동한다는 말이기도 하다.

혼과 백이 서로 분리된 귀신은 '육체'가 없다.
그래서 육체에서 '혼'만 분리되는 것을 뜻하는
일반적인 '유체이탈'에도 육체적 작용은 존재하지 않는다.

그런데 만약 저 천녀의 경우처럼,
'혼과 백'이 한 덩어리가 되어
육신과 분리되게 되면,
육체의 작용을 온전히 갖출 수 있는 것이다.

오히려 저 천녀의 경우처럼
혼백이 빠져나가 버린 진짜 육신이
정상적인 기능을 하지 못하게 된다.
그렇다면 과연 어느 것이 진정한 몸인가?

혼과 백이 임시로 모인 것이 우리 몸이듯,
저곳에서 따로 모인 혼과 백도
분명 우리의 몸이다.

따라서 우리가 임의대로 '혼백'을 하나로 뭉쳐
육신에서 분리시킬 수 있다면,
우리는 육신의 한계를 초월한
대자유인의 삶을 살 수 있을 것이다.

노자老子가『도덕경道德經』에서 이르길,
"혼魂과 백魄을 하나로 껴안아서
분리되지 않도록 할 수 있겠는가?"
라고 물은 것도 바로 이러한 사정을 말한 것이다.

육신을 버린 뒤에도
임의대로 '혼과 백'을 하나로 합할 수 있는 존재를
동양에서는 '신선神仙'이라고 부른다.
예수님의 '부활'이라는 것 또한 이러한 경지에 다름 아니다.
부처님은 신선 중의 신선 '금선金仙'이시다.

부처님께서 천백억의 화신化身을 자유로이 나툰다는 것,
생각으로 만드는 몸인
'의생신意生身'을 자유로이 나툰다는 것이
바로 이러한 경지를 말한다.

임제종의 승려인 무문無門 혜개慧開가
『무문관無門關』에 이 선문답을 실은 이유도,
또한 다음과 같은 평창評唱을 붙인 것도,
바로 혼백을 자유로이 다스려 '원만한 법신'을 이루어야만
진정한 자유인이 될 수 있다는 가르침을
후인들에게 전해 주기 위해서이다.

"만약 배우는 이가 이 속에
담긴 참된 의미를 깨닫는다면,
이 육신을 벗어나고
다시 육신으로 들어오고 하는 것이,
마치 여관방을 출입하는 것과
같다는 것을 알게 될 것이다.

혹시 이런 경지가 아니거든
절대로 망령되게 날뛰지 말라.
갑자기 '육신의 지수화풍'이 한번 흩어지고 나면,
끓는 물에 던져진 게의 일곱 팔, 여덟 발과
같은 신세가 될 것이다.

그때 가서 말해 주지 않았다고 한탄하지 말라."

'혼과 백' 또한 별것이 아니다.
모두 '미세한 지수화풍'일 뿐이다.
법륜을 자유자재로 굴려
'지수화풍'의 참 주인이 된 자에겐
혼과 백을 뭉치는 것은 어려운 일이 아니다.

살아생전에 '혼과 백'을 자유로이 다스려서
육신을 여관방 출입하듯이 드나들 수 있는 자라야,
죽은 뒤에도 자유자재로 의생신을 나투며
온 천지의 중생을 구제할 수 있는 것이다.

천녀의 사건이
선문답의 주제가 된 것도
바로 이런 이유 때문이다.

천녀의 경우에는 혼백의 분리가 간절한 마음에
일시적으로 우연히 일어난 일이나,
부처님의 경우에는 자유자재로 화신을
이곳저곳에 나타낼 수 있는 것이다.
무문은 경고한다.

이러한 경지에 이르지 못한 자는

생사를 초월했다고 망령되게 날뛰지 말라.

내친김에 무문이 이 문답에 덧붙인 송頌을 들어 보자.

"구름과 달은 하나이나,
그것이 비추는 계곡과 산은 다양하다.
복되도다! 복되도다!
하나인가? 둘인가?"

분명 '참나'는 하나일 것인데
응하는 곳에 따라 이 몸 저 몸을 자유로이 나툰다.
과연 이 몸들은 하나인가? 둘인가?
천백억 화신은 본래 하나인가?
각각의 몸들이 따로 있는 것인가?

이것에 대한 해답은
자신이 진정 혼백의 주재권을 장악하고
지수화풍을 자유자재로
모이고 흩어지게 할 수 있는가에 달려 있을 것이다.

선사들이 전하는 반조선의 가르침

달마의 반조선

달마達磨(?~528?)가 중국에 와서 가르친 선禪의 핵심 비법은 바로 경전이라는 문자를 초월하여, 자신의 내면을 곧장 돌이켜 깨닫는 것을 추구하는 '반조선'이었다.

> 달마가 면벽을 하고 있을 때,
> 제2조 혜가가 눈밭에 서서 팔을 자르고 말하였다.
> "제자의 마음이 편안하지 않습니다.
> 원컨대 스승님께서 제 마음을 편안하게 해 주십시오."
> 달마가 말하였다.
> "그대의 마음을 가져오게. 내가 그대를 편안하게 해 주겠네."
> 제2조가 말하였다.
> "마음을 찾을 수가 없습니다."
> 달마가 말하였다.
> "내가 그대의 마음을 편안하게 해 주었네."(무문관)

달마는 마음의 고통을 호소하는 혜가에게, 그러한 고통스러운 마음을 곧장 찾아보라고 가르쳤다. 자신의 마음을 곧장 들여다보도록 유도한 것이다. 온갖 분별과 망상은 분명 우리 마음의 일부이다. 그러나 그러한 분별과 망상에 휘둘리지 않고 그들을 직시하게 되면, 우리의 내면은 질적으로 변화하게 된다.

왜냐하면 분별과 망상을 '바라보는 자'는 분별·망상이 아니기 때문이다. 우리는 온갖 잡념을 바라봄으로써 곧장 잡념을 초월할 수 있다. 오직 '바라보는 자'로만 존재할 수 있다면, 그러한 체험은 엄청난 변화를 가져오게 될 것이다. 곧장 '자신의 생각'을 멈추고 '자신의 불성'을 직시하라! 이것이 달마가 제시한 '반조선'이다. 달마는 이것을 전해주기 위해 멀리 인도를 떠나 중국에 온 것이다.

승찬의 반조선

이러한 달마의 반조선은 그의 계승자들에 의해 최고의 선법으로서 꾸준히 계승된다. 중국의 선불교의 삼조三祖인 승찬僧璨(?~606)은 『신심명信心銘』에서 반조선을 더욱 명확히 천명한다.

> 지극한 도는 어렵지 않으니,
> 오직 이거다 저거다 고르지만 않으면 된다.
> 단지 싫음과 좋음을 내려놓기만 하면,
> 확 트여 명백할 것이다. (신심명)

내면의 불성을 깨닫는 것은 어렵지 않다. 마음에서 일어나는 각종의 '형상'(相)들을 내려놓기만 하면, 우리는 곧장 '참나'에 머물게 될 것이다. 이처럼 간단한 것이 불법이다. '오직 모를 뿐'인 마음으로, 마음에서 일어나는 옳고 그름이나 좋고 싫음의 각종 분별들을 멈추기만 하면, 우리는 곧장 확 트여 명백한 '본래면목'으로 존재하게 될 것이다. 우리가 해야 할 일은 '생각'을 멈추는 것이다! 그리고 그러한 상태로 존재하는 것이다! 이것이 반조선의 핵심이다.

육조의 반조선

역사적으로 달마 이래 가장 유명한 조사인 육조六祖 혜능慧能(638~713) 또한 달마의 반조선을 충실히 계승하고 있다. 그는 제자들에게 다른 것을 가르치지 않았다. 언제 어디서나 "그대는 누구인가?"를 물었을 뿐이다.

> 육조가 말하였다.
> "선도 생각하지 말고 악도 생각하지 말라!
> 바로 이때 어떠한 것이 그대의 본래면목인가?"
> 혜명이 그 자리에서 깨달았다. (무문관)

선함도 악함도 생각하지 말라는 것은, 일체의 '생각'을 멈추란 이야기이다. 생각 즉 개념적 분석을 멈추고, 그 상태로 존재해 보라는 것이다. 자, 그 자리에서 그대는 어떠한 모습으로 존재하는가? 생각 이전의 그대의 본래 모습은 무엇인가? 혜능은 이것을 물었을 뿐이다. 생각을 멈추고 그 상태를 체험하라고 가르쳤을 뿐이다.

'참나'를 깨닫는 데 있어서 다른 무슨 가르침이 필요하겠는가? 물론 '참나에 이르는 길'도 근기에 따라 무수한 방편이 설해질 수 있다. 화두를 챙기라고 할 수도 있고 염불을 권할 수도 있다. 그러나 화두에 몰입하건 염불에 몰입하건, 분별과 망상이 멈추어야만 자신의 참나가 드러난다는 것에는 변함이 없다. 결국 모든 선법은 '반조선'의 방편일 뿐인 것이다. 이것이 달마 이래 육조까지 일체의 선사들이 반조선을 강조한 이유이다.

대혜의 반조선

'화두선'의 개창자로 유명한 송宋나라 대혜大慧 종고宗杲(1088~1163) 또한 다르지 않다. 그는 근기에 따라 '화두'를 제시하여 참나의 각성으로 인도하였으나, 그 바탕에는 항상 '반조선'이 자리 잡고 있었다.

> 다만 빛을 돌이켜 보라!
> "이러한 생각을 하는 자는 누구인가?"
> "행위를 할 때, 도대체 무슨 형상을 하고 있는가?"
> "그 하는 바를 따져 분별하고
> 마음이 품은 뜻에 따라 이리저리 변통하며
> 모자람도 남음도 없이 정확히 처리하는 경우,

이렇게 할 수 있는 것은
도대체 누구의 은혜인가?"라고 물어보라.
이와 같이 공부하여 날이 가고 달이 가면,
사람이 활쏘기를 배우는 것과 같아서
자연히 적중하게 되는 법이다. (서장)

화두선의 바이블로 불리는 『서장書狀』에서도 이러한 반조선은 가장 근본적인 선법으로 강조된다. 대혜는 제자에게 항상 자신의 내면을 돌이켜 보라고 강조한다. 생각하는 그대는 누구인가? 행위하는 그대는 누구인가? 일을 처리하는 그대는 누구인가? 그대가 생각을 하건 행위를 하건 일을 처리하건, 그러한 온갖 형상들의 변화를 '알아차리는 자'를 주시하라. 자나 깨나 그 자리를 돌이켜 보라. 그러면 어느 날 문득 '청정한 본래면목'을 깨닫게 될 것이다. 이것이 대혜가 강조하는 반조선의 핵심이다.

스스로 자신이 둔한 근기라고 자꾸 말하는데,
시험 삼아 이와 같이 돌이켜 보라!
"근기가 둔하다고 아는 자는 누구인가?"
"그 자리는 둔한가?"라고 물어보라.
만약 빛을 돌이켜 보지 않고
단지 둔한 근기라는 것만 지키고 있다면,
번뇌만 거듭 낳아서
헛된 망상 위에 다시 헛된 망상을 더하고
허공 꽃에 허공 꽃을 더하는 꼴이 될 것이다. (서장)

자신의 근기가 둔하다고 한탄하는 제자에게, 자신의 근기가 둔하다고 알아차리는 그 자리는 과연 둔한가를 관찰하라고 주문한다. 즉 '둔하다'라는 형상에 집착하지 말고, 그러한 형상을 '알아차리는 자'를 곧장 직시하라고 가르친 것이다. 형상에 집착하는 한, 영원히 본래면목은 볼 수 없을 것이라고 강조하고 있다. 이러한 가르침은 '반조선'의 핵심이다.

> 만약 '화두'를 챙길 때,
> 화두를 챙기는 자를 돌이켜 생각하라!
> 바로 그 자리가 바로 그대 자신이다.
> 이 안에서 한 터럭의 틈도 두지 않아야 한다.
> 만약 생각에 머물고 그 기틀에 정체되게 된다면,
> 그림자에 미혹될 것이다.
> 속히 정신을 차리고,
> 절대로 소홀히 하지 말아야 할 것이다. (서장)

대혜는 화두에 대한 의심으로 참나를 깨닫는 '화두선'을 가르쳤을 뿐만 아니라, '화두'를 방편으로 활용하는 '반조선' 또한 강조하였다. 화두에 몰입할 때, "화두에 몰입하는 나는 누구인가?"라고 물어보라고 한다. 이것은 화두를 '알아차리는 자'를 돌아보게 하는 것이니, '화두를 대상으로 하는 '반조선'이다.

> 그대는 편지로 나에게
> '공부의 지름길'을 가르쳐 달라고 했습니다.

선문답에서 배우는 禪의 지혜

청컨대 그대는 평소에
스스로 경전의 가르침을 보거나
화두를 붙잡는 것은 물론,
남이 깨닫게 해 주거나 가르쳐 주어
큰 재미와 환희를 얻은 자리를
일시에 몽땅 내려놓고
오직 일체를 모르겠다는 것에만 의지하십시오!

마치 3살 아이처럼 되십시오.
그래서 '알아차리는 본성'은 있으나
'알음알이'가 작용하지 않는 경지에 이르거든,
'공부의 지름길'을 찾는
그 마음의 이전을 들여다보십시오.
언제 어디서나 그 자리를 들여다보십시오.
그러다보면 어느 곳 하나 붙잡을 자리가 없다는 것을
알아차리게 될 것입니다.

이렇게 늘 그 자리를 들여다본다면,
홀연히 잠과 꿈에서 깨어나게 될 것입니다.
이것은 특별한 일이 아닙니다.
이것이 바로 제가 닦는 '힘을 얻는 공부법'입니다.

대혜가 반조선을 가장 중시했다는 것은 이 글에서 여실히 드러난다. 대혜는 '공부의 지름길'을 묻는 제자에게, 자신이 힘을 얻는 공부라면서 "오직 모를 뿐!"인 마음을 지키라고 가르친다. 경전이나 화두를 모두 버리고, 오직 모르는 마음만을 지켜가다 보면, 청정무구한 자신의 본래면목이 훤히 드러날 것이라고 가르치고 있다. 일체의 형상을 모두 초월하여 곧장 자신의 참나를 깨닫는 '반조선'의 가르침이 이보다 더할 수는 없을 것이다.

지눌의 반조선

고려 때의 큰스님인 보조普照 지눌知訥(1158~1210)도 어떠한 선법보다도 '반조선'을 강조하고 있다. 그는 『수심결修心訣』에서 반조선의 2가지 선법을 모두 제시하고 있다. 먼저 대상을 방편으로 삼아 참나를 깨닫는 반조선법을 살펴보겠다. 여기서는 '소리'를 대상으로 하고 있다.

[보조] 진리에 들어가는 길에는 여러 가지가 있으니, 그대에게 하나의 문을 가르쳐 주어 그대로 하여금 '그대의 근원'(참나)으로 돌아갈 수 있게 하리라. 그대는 지금 저 까마귀가 울며 까치가 지저귀는 소리를 듣고 있는가?

[스님] 예, 듣고 있습니다.

[보조] 그렇다면 소리를 듣는 '그대 자신'을 돌이켜 들어 보라. 그 소리를 듣는 본성 자리에 이런저런 소리들이 있는가?

[스님] 그 자리에는 어떠한 소리도 어떠한 분별도 일절 없습니다.

[보조] 훌륭하다! 이것이 바로 '소리를 관觀하여 진리에 들어가는 문'(관음입리지문觀音入理之門)이다.

[보조] 내가 다시 그대에게 묻겠다. 그대가 그 자리(소리를 듣는 그대 자신)에 도달했을 때, 거기에 어떠한 소리도 어떠한 분별도 일절 없었다고 했다. 이미 아무것도 얻을 수 없다면, 그러한 때는 텅 비어 있는 허공이 아닐까?
[스님] 애초에 허공과 같이 텅 비어 있지는 않았습니다. 그 자리는 광명하여 어둡지가 않았습니다.
[보조] 그렇다면 어떤 것이 텅 비어 있지 않은 본체인가?
[스님] 형상·모양이 없어서 말로 표현할 수가 없습니다.
[보조] 그것이 바로 모든 부처님·조사들의 '생명'이니, 다시는 의심하지 말라. (수심결)●

먼저 '소리'라는 대상에 몰입하고, 그다음 소리를 '알아차리는 자'에 몰입하는 방법으로 회광반조를 유도하고 있다. 소리라는 '형상'에 집착할 때 우리는 자신을 소리와 동일시한다. 그러나 우리가 소리를 알아차리는 그 자리를 주시하게 되면, 우리의 내면은 질적으로 변화하게 된다. 소리를 '알아차리는 자'는 '소리'라는 형상을 초월하여 존재하기 때문이다.

다만 '모른다는 것'만을 똑똑히 알면 되니,
이것이 바로 자신의 '본성'을 본 것이다. (수심결)●●

다른 하나의 반조선은 곧장 모든 형상에 대한 생각을 초월하여 내

● 윤홍식, 『윤홍식의 수심결 강의』(봉황동래, 2019), 236~244쪽 참조.
●● 윤홍식, 『윤홍식의 수심결 강의』(봉황동래, 2019), 196~204쪽 참조.

면을 돌아보는 것이다. 일체의 형상에 대해 "오직 모를 뿐!"을 선언하고, 그들을 몽땅 내려놓는다면, 우리는 곧장 청정하게 존재하는 자신의 본래면목과 합일되는 것이다. 이것이야말로 반조선의 극치이다.

태고의 반조선

고려 말의 국사인 태고太古 보우普愚(1301~1382) 또한 반조선을 강조하였다. 그는 '아미타불'을 염송하는 염불선도 강조하였는데, 염불선과 반조선을 하나로 꿰뚫는 가르침을 폈다.

> 만약 상공께서 진실로 '염불'을 하고자 한다면,
> 다만 곧장 자신의 본성인 아미타불을 염하되,
> 24시간과 걷고, 머무르고, 앉고, 눕는 4가지 몸가짐 안에서
> 아미타불의 이름을 마음속과 눈앞에 걸어 두고,
> '마음'과 '눈'과 '아미타불의 이름'을 한 덩어리로 만들어,
> 마음 마음에 끊어지지 않게 이어 가고,
> 생각 생각에 어두워지지 않게 하여야 한다.
>
> 이러는 중에 "아미타불을 생각하는 자는 누구인가?" 하고
> 세밀하게 돌이켜 보기를 오래도록 닦아 나가면
> 마침내 그 공을 이루게 될 것이니,
> 어느 날 문득 생각이 끊어지고 '아미타불의 참된 몸'이
> 우뚝 드러나게 될 것이다. (태고화상어록)

보우는 아미타불에 몰입하여 염송하되, "아미타불을 생각하는 나는 누구인가?"를 곧장 주시하라고 가르치고 있다. 이것은 '염불'을 대상으로 하는 '반조선'이다. 결국 우리가 찾아야 할 아미타불은 바로 우리의 '참나'이다. 우리의 참나 외에 어디서 '부처'를 찾을 것인가? 아미타불 또한 '형상'일 뿐이니, 아미타불이라는 형상마저 초월할 때, 아미타불의 법신이 드러나게 될 것이다.

경허의 반조선

조선 말 최고의 선사인 경허鏡虛 성우惺牛(1849~1912) 또한 '반조선'을 누구보다 강조한다. 우리 내면에 '광명한 불성'이 존재한다면, 우리는 그것을 곧장 찾으면 된다. 다른 무슨 방편이 필요하겠는가? 물론 근기에 따라 다양한 방편이 제시될 수는 있다. 그러나 방편은 방편일 뿐이다. 그 근본은 바로 우리 내면에 광명한 불성이 존재한다는 것이다. 그리고 이 근본에 가장 충실한 선법이 바로 곧장 자신의 불성을 찾는 '반조선'이다.

> 청정·광명한 있는 그대로의 '불성'
> 나지도 않고 죽지도 않고,
> 함이 없되 지극히 즐거우며 항상 존재하며
> 어떠한 막힘도 없이 자유자재이니,

● 윤홍식, 『한국 큰스님에게 배우는 禪의 지혜』(봉황동래, 2015), 190~192쪽 참조.

흰 구름 흐르는 물처럼 이르는 곳마다
고요하고 광명한 곳(寂光土) 좋은 국토로다.

부처가 한번 되어 놓으면
무슨 걱정이 있을 것인가?
보고 듣고 앉고 눕고 밥도 먹고
옷도 입고 말도 하고 잠도 자고,
셀 수 없는 묘한 작용을 모두 지니고 있으니
얼굴 앞에 분명하고 이마 뒤에 신기롭다.

찾는 길이 여럿이나 아주 옅게 말할진대
'반조' 공부가 가장 신묘하다.
선한 마음·악한 마음·한없는 마음을
지·수·화·풍 제쳐 놓고 찾아보면 도무지 없으니
비록 찾아보아 형체가 없으나
'신령한 앎'(靈知)이 분명하여 어둡지 않으니
우습지 아니한가. (경허집)

우리가 밥을 먹는 줄 알아차리는 자리, 옷을 입는 줄 알아차리는 자리, 잠을 자는 줄 알아차리는 자리, 이 자리는 언제나 우리를 떠나는 법이 없다. 자나 깨나 언제 어디서나 우리와 함께한다. 이 자리가 바로 우리의 '본래면목'이다. 무수하게 많은 길이 방편으로 제시되나,

● 윤홍식, 『한국 큰스님에게 배우는 禪의 지혜』(봉황동래, 2015), 327~333쪽 참조.

그 핵심은 바로 곧장 내면의 본래면목을 확인하는 '반조선'인 것이다. 이 때문에 경허는 반조선이야말로 가장 신묘하다고 노래하고 있는 것이다.

> 대저 '참선'이라는 것은 특별한 일이 아니다.
> 단지 자신의 집안을 '반조'해 보아,
> 자기 집의 '주인공'이 바깥 사물에
> 잡스럽게 섞이지 아니하며,
> 생사에 오고 가지 않으며,
> 홀로 아득하며, 밝고 명백하며,
> 지극히 평온하며, 얽매어 있지도 않으며,
> 벗어날 것도 없으며, 번뇌랄 것도 없으며,
> 열반이라고 할 것도 없음을
> 명백히 아는 것일 뿐이다. (경허집)

참선이란 별것이 아니다. 오직 자신의 본래 불성을 돌이켜 찾는 것일 뿐이다. 반조선이야말로 모든 선법의 뿌리이다. 방법은 너무나도 쉽다. '생사'니 '번뇌'니 '열반'이니 하는 일체의 '형상'을 초월한 그 자리, 한량없는 '순수한 알아차림'만이 가득한 그 자리를 곧장 찾아가는 것이다. 그 자리야말로 세세생생 여여如如하게 존재하는 우리의 영원한 고향이다. 우리의 본래 모습이다. 이 자리를 명백히 아는 것이 바로 참선이다! 이것이 달마가 동쪽으로 온 까닭이다!

● 윤홍식, 『한국 큰스님에게 배우는 禪의 지혜』(봉황동래, 2015), 306~310쪽 참조.

이 책이 나오는 데 적극적으로 도움을 주신 〈Choi-Bomoon Jeon-Young Kim-Eunah Shin-Julie Whang-Jungwoon 강문성 강미경 강병율 강석록 강석찬 강성환 강수봉 강승희 강옥순 강우영 강윤아 강이준 강정욱 강정화 강지민 강진숙 강태호 강태희 강현주 경명수 고갑남 고영숙 고은아 고장환 공국진 공양식 공종진 공희선 구본석 권명숙 권명진 권선아 권세정 권오진 권정섭 권정임 권효진 금여옥 기동주 길영훈 김강현 김경미 김근호 김근환 김기숙 김기순 김기일 김나희 김남훈 김대련 김대만 김대희 김도연 김동욱 김만일 김명옥 김묘진 김문주 김미란 김미선 김미숙 김미영 김미정 김민경 김민아 김병석 김병철 김상호 김선미 김선숙 김선옥 김선우 김성국 김성덕 김성윤 김성희 김세영 김세완 김소민 김소영 김수미 김수연 김순용 김순자 김승현 김여진 김연수 김연숙 김연순 김연희 김영 김영금 김영미 김영민 김영석 김영숙 김영순 김영실 김영우 김영익 김영진 김영필 김영하 김예준 김완중 김용하 김우달 김원배 김유진 김윤철 김은기 김은숙 김은희 김의숙 김인식 김재원 김재정 김정련 김정은 김정자 김정희 김제성 김종배 김종태 김종필 김종훈 김준용 김중국 김진운 김진희 김창현 김철수 김태순 김태영 김태일 김태주 김태훈 김태희 김평수 김평화 김학원 김학천 김현미 김현민 김현정 김현준 김현태 김형선 김홍현 김화중 김회영 김효정 김희정 김희택 나성수 나조아 나현경 남궁혜륜 남미하 남상균 남성훈 남순우 남아란 남원배 남재원 노경춘 노금숙 노승훈 노희라 도채은 등혜스님 류기원 류재엽 만석중 맹설희 목민정 문경미 문선혜 문영호 문인호 민세홍 민영후 민정숙 박건호 박경란 박경미 박금주 박기호 박달환 박동원 박동진 박미경 박미설 박미정 박병윤 박봉수 박비송 박상욱 박서영 박석민 박선아 박선후 박성칠 박성홍 박성희 박세종 박영수 박영제 박영찬 박원성 박원철 박웅제 박이득 박재만 박재복 박재완 박재현 박정선 박정엽 박정하 박종성 박종옥 박종필 박지연 박지희 박진 박진구 박진실 박태종 박하영 박해춘 박형근 방인숙 방한일 방형국 배기복 배기수 배병규 배성진 배승욱 배은실 배인숙 배정은 배종욱 배철호 백무열 백승경 백종심 백하승 백현진 변기현 변문석 변석호 변흔갑 사공혜숙 사미화 서근수 서도원 서만길 서명순 서민정 서선아 서영원 서영희 서정우 서진 서향주 석수공 석점이 석정은 선홍주 설보라 성민자 성시용 성정애 소정숙 손영훈 손일선 손현수 손형도 송남규 송명희 송묵심 송미숙 송봉수 송승아 송연정 송원섭 송율성 송재은 송준엽 송준영 송진윤 신동욱 신동훈 신만승 신수철 신은주 신인상 신정희 신현영 신효숙 심교 심민섭 심보영 심영호 안미자 안영민 안정희 안현신 양경자 양덕애 양문규 양성연 양순애 양정인

양희임 엄태홍 여상혁 여승구 염찬우 염희영 영지 오경희 오남기 오민행 오사장 오세훈 오영숙 오영주 오은철 오정석 오태균 오한순 왕정숙 우선주 우승화 우지우 원명아 유경미 유근춘 유남인 유미숙 유미화 유선호 유세복 유소정 유은정 유재훈 유재희 유종학 유지숙 유현승 윤경훈 윤동근 윤모로 윤문오 윤상숙 윤선옥 윤영수 윤종욱 윤태수 윤한철 윤형식 이강만 이건영 이경미 이경선 이경숙 이경이 이경자 이계백 이계영 이광일 이규배 이기원 이덕진 이도한 이동욱 이동훈 이두혁 이락삼 이리라 이명분 이명순 이미령 이미숙 이미화 이민옥 이부영 이상근 이상도 이상무 이상민 이상수 이상표 이상한 이상환 이선아 이선화 이성열 이성화 이세훈 이수연 이순옥 이승배 이승진 이승훈 이신화 이연옥 이영섭 이영순 이영현 이영희 이용금 이용희 이원준 이유미 이윤주 이은경 이은성 이은실 이은영 이은정 이은현 이은호 이인호 이자원 이재복 이재열 이재웅 이재익 이재인 이재하 이재훈 이정분 이정옥 이정호 이정화 이정희 이종원 이주은 이진규 이진영 이진태 이진희 이창준 이창헌 이채연 이철순 이태권 이태진 이학선 이학영 이현경 이현숙 이현주 이혜원 이호국 이홍기 이화정 이후락 이희행 임건희 임규식 임기제 임란숙 임성철 임수영 임수홍 임용균 임은수 임정옥 임하진 임한경 임한근 임형철 임혜련 임호진 장경헌 장대영 장본규 장서은 장소영 장수미 장영숙 장영희 장용희 장우석 장운오 장중순 장현준 전경지 전대성 전명숙 전수진 전영순 전영예 전영환 전윤경 전재숙 전정옥 전지완 정경애 정경원 정금인 정기백 정난영 정덕 정미연 정병준 정봉경 정석훈 정설화 정성대 정성욱 정성철 정숙경 정승민 정언주 정연헌 정영일 정영철 정우준 정윤성 정이선 정인숙 정인희 정재모 정재훈 정종배 정주비 정지나 정진옥 정창균 정철우 정춘자 정하영 정한순 정한욱 정향금 정혜진 정희성 조경현 조대호 조문주 조미교 조미숙 조선은 조성화 조애리 조영미 조영아 조영호 조은정 조인구 조주병 조현숙 조현주 조혜선 주계원 지민경 지옥희 지정현 진성일 진영재 진지영 차경화 천상하 천유정 최갑희 최경남 최경호 최귀영 최금정 최낙천 최미자 최상욱 최상희 최숙자 최연아 최영주 최영철 최원재 최재훈 최정식 최정우 최주리 최지선 최창희 최치영 최현주 최현우 최형숙 최흥 추수진 하미하 하봉학 하장민 하현재 한가득 한광호 한근우 한대길 한덕실 한동필 한미옥 한복환 한성수 한승원 한양덕 한정옥 한지영 한혜선 한효숙 허달 허달유 허재원 허준 허현희 현득창 현명숙 현영미 홍경호 홍나영 홍다린 홍동완 홍삼표 홍연표 황나겸 황대연 황도석 황현철 황운 황의홍 황인천 황철원 황혜정 황호진)님과, 그 밖에도 익명으로 도움을 주신 많은 분들께 진심으로 감사드립니다.